普天之下・盡是好書

普天出版家族
Popular Press Family

作家勞埃爾．皮科克曾說：
如果一個人經常進行積極思維，具有積極心態，喜歡接受挑戰並應付各種麻煩事，成功便已經開始。

遭遇困難的時候，積極的人會把它看成一種挑戰，消極的人卻將它視為一種災難。
逃避固然很容易，但還沒努力就選擇逃避，其實只會害了自己。
想要開創璀璨的未來，你就必須改變自己的應對態度，用積極、樂觀、進取的態度迎向前去，
不管眼前的事情有多困難，都要試著挑戰看看。

【出版序】

選擇面對，就是替自己創造機會

●文蔚然

心態消極、遇到困難就選擇逃避的人，永遠也無法成就大事，相對的，如果你決定挑戰看看，事情往往就會發生微妙的轉變。

作家勞埃爾．皮科克曾說：「如果一個人經常進行積極思維，具有積極心態，喜歡接受挑戰並應付各種麻煩事，成功便已經開始。」

遭遇困難的時候，積極的人會把它看成一種挑戰，消極的人卻將它視爲一種災難。逃避固然很容易，但還沒努力就選擇逃避，其實只會害了自己。

想要開創璀璨的未來，就必須改變自己的應對態度，用積極、樂觀、進取的態度迎向前去，不管眼前的事情有多困難，都要試著挑戰看看。

面對危機的時候，千萬不能逃避，要勉勵自己抱持更積極的想法和做法，

把每個危機化爲成功的契機。

因爲，「逃避」非但無法幫你解決危機，反而會讓危機一發不可收拾，進而成爲你的人生絕機。

一個年輕人做生意失敗，一夕之間失去了所有的家產。現在他擁有的，只有口袋裡的一元銅板，和一張回家的車票。

列車進站時，年輕人回頭一望，準備要告別這個讓他傷心的地方，同時也是孕育他所有夢想的城市。

他是多麼的不甘心，也是多麼的捨不得啊！

「不行，我不能就這樣走。」在列車啓動的那一刻，年輕人毅然決然地跳下火車。因爲他想到，他還有一塊錢！他還有機會！

他在火車站旁邊的文具店，用這一塊錢買了一張紙板和一枝筆，替自己做了一個牌子掛在身上，上頭寫著：「搬運行李服務，一件行李收費一塊。」

當天晚上，他吃了一碗熱呼呼的牛肉麵，口袋裡頭還有響噹噹的一串銅

板。五個月以後，口袋裡的那一串銅板變成了一疊鈔票。

當時正值春天，盛產的草莓由全國各地運送到這裡。原本十塊錢一斤的新鮮草莓，如果第一天沒賣掉，第二天就只能賣五塊錢。

年輕人念頭一轉，打算和這些批發草莓的商人搶生意。他找上近郊的一座農場，向他們買草莓，但是是連栽著草莓的花盆一起買。

當別人販售那些賞味期限只有一天的矜貴草莓時，年輕人賣的是要吃即摘，可以放上好幾天卻仍然保鮮的花盆式草莓。

這筆生意，讓他賺得了開設貿易公司的資金。

現在，他的公司業務包含歐美十三家知名服飾公司的亞洲總代理，而且他正在極力向政府爭取把市區中心的一條商店街改成徒步區，因爲在這條街上，有屬於他的十二家店鋪。

作家伏契克曾經寫道：「應該笑著面對生活，不論你目前的日子是如何痛苦和難過。」

唉聲歎氣、消極逃避並不能解決問題，只會讓你的心情越來越糟，生活越來越困苦。無論生命中遭遇怎樣的不景氣，都不能灰心喪氣，反倒要時時提醒自己用正面的態度迎向前去，就算很困難，也要挑戰看看。

作家勞埃爾．皮科克曾說：「如果一個人經常進行積極思維，具有積極心態，喜歡接受挑戰並應付各種麻煩事，成功便已經開始。」

遭遇困難的時候，積極的人會把它看成一種挑戰，消極的人卻將它視爲一種災難。逃避固然很容易，但還沒努力就選擇逃避，其實只會害了自己。

想要開創璀璨的未來，就必須改變自己的應對態度，用積極、樂觀、進取的態度迎向前去，不管眼前的事情有多困難，都要試著挑戰看看。

其實，許多讓我們始料未及的成功契機，往往都出現在我們面對的每個危機之後，只要肯用積極的心態去面對危機，就會在危機之中發現一些平時無法發現的契機。

正所謂「危機變成轉機，轉機變成契機」，關鍵就在於你是否肯用正面的態度去找尋。

作家赫爾岑曾經寫道：「一個人不僅要在歡樂時微笑，也必須學會在困難中露出笑容。」

人生是快樂或痛苦，關鍵就在看待生活的態度，只要學會正面地對待，就可以讓自己的人生更加精采。

生命中的失敗、挫折，人際間的摩擦、齟齬，都只是一時，如果你選擇面帶，就能替自己創造更多機會。

「PART 1」就算很困難，也要挑戰看看

如果你有一個偉大的夢想，千萬別存著「不可能實現」的想法，只要換個心境、轉個角度，就能成就無限可能。

Even it is difficult,you have to challenge it.

「PART 2」盡力為自己的決定努力

若能謹慎為每一個人生岔路做選擇，不論得意或失意都不隨便做決定，總是為自己的選擇努力，那麼將會有驚喜等著自己。

PART 3

在不認同當中尋找成功

如果想要活得安樂，可以不必在意別人的眼光，但是如果想要成功，想要讓自己變得更好，就一定要在意別人對你的看法。

【PART 4】冷靜面對危機，事情才有轉機

當事情的發展不如預期時，與其抱怨自己運氣這麼壞，不如期盼事情會好轉。以冷靜的心情面對危機，事情必定會有轉機。

【PART5】失意，是人生的必備經歷

失意，是人生的家常便飯。只要挺過了這一次，還會有下一次機會；只要堅持不倒下，就能成功寫下一篇精采的人生傳奇。

Even it is difficult,you have to challenge it.

[PART 6]

正視問題，才能克服失意

如果我們不能正視問題、不願努力解決困境，任憑謊言埋沒自己，在失意的環境中墮落，一生就只能活在虛假中。

【PART7】

面對不如意，更要腳踏實地

我們常常在做一些自己不喜歡做的事，或許當下會埋怨、感嘆，但是只要肯踏實地努力，終能從中找到圓滿的地方。

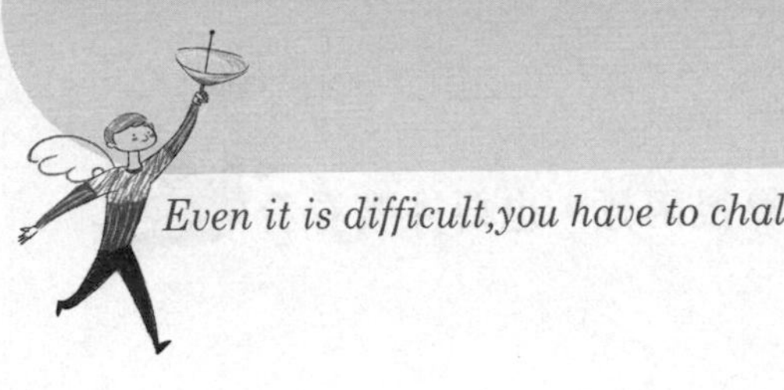

Even it is difficult,you have to challenge it.

「PART 8」

發揮自己的實力，不輕易放棄

只要我們失意時也不放棄，將自己的實力發揮到極致，多一點信心再堅持一下，就能得到屬於自己的成功。

「PART 9」

每一個經歷都可能是生命的轉機

天底下或許有白走的路，但是不會有白流的血和汗。要珍惜每一個寶貴的經歷，因為那都是人生最好的履歷。

Even it is difficult,you have to challenge it.

PART 10

別讓環境削弱志氣

有競爭才會有進步，投身到一個大家能力都不如自己的地方，除非很有毅力，懂得不斷充實自己，否則很難前進。

PART 1

就算很困難，也要挑戰看看

如果你有一個偉大的夢想，千萬別存著「不可能實現」的想法，只要換個心境、轉個角度，就能成就無限可能。

就算很困難，也要挑戰看看

如果你有一個偉大的夢想，千萬別存著「不可能實現」的想法，只要換個心境、轉個角度，就能成就無限可能。

一場龍捲風橫掃加拿大多倫多北部一個名叫巴里的城市。這場災難造成許多人傷亡，以及數百萬美元的損失。

當天晚上，泰姆普萊頓正好經過這條公路，他是多家電台的副總裁，希望自己能爲這些災民提供幫助。

泰姆普萊頓回到公司後立刻把所有行政人員都召進辦公室，在白板上方寫了三個「三」。他對大家說：「從現在開始，你們願意在三天之內每天用三個

小時，爲巴里的人們籌集三百萬美元嗎？」

房間裡頓時鴉雀無聲。有一個員工打破沉默說：「泰姆普萊頓，你瘋啦？這是不可能的事！」

泰姆普萊頓說：「我沒有問你們是否能夠做到，而是願不願意。」

聽完後大家紛紛點頭，表示願意。泰姆普萊頓得到回答後，又在那三個「三」的下面畫了一個大大的T，在T的一邊寫下：「我們爲什麼做不到？」然後又在T的另一邊寫下：「我們如何做到？」

他說：「我要在『我們爲什麼做不到』這邊畫上一個『X』，我們不用浪費時間去思考這個問題，那沒有任何意義。相反的，我們應該把『我們如何做到』這件事的每一種方法都寫下來，除非想出解決這個問題的辦法，否則我們就不離開這個房間。」

等了許久，終於有人開始發言：「我們可以在加拿大全境，用無線電播放一個專題節目。」

泰姆普萊頓說：「這是一個好主意。」然後把它寫了下來。

他還沒有寫完，又有人說：「我們不可能在加拿大全境播放專題節目，因爲我們的電台頻率沒有覆蓋到整個加拿大。」這確實是一個客觀存在的障礙，他們只在安大略省和魁北克省擁有電台。

泰姆普萊頓回答道：「那是『我們如何做到』的一個主意，先不要考慮做不到的問題。」

突然，一個聲音響起：「我們可以在加拿大廣播公司裡，請最有名氣的柯克和羅賓遜來主持這個專題節目。」這眞是一個有創造力的建議。

三天後，他們成功聯絡了多家電台，並策劃一個聯合廣播行動，在全加拿大，共有五十家電台同意參與這個專題節目，由柯克和羅賓遜主持。他們眞的在三天內成功籌集到三百萬美元！

就算很困難，也要挑戰看看

我們的思想是很容易被困住的，它可以轉變得很快，也可以固執到比石頭

還硬。就像飛進室內的昆蟲、小鳥，只知拼命地往玻璃上撞，即使你在另一頭爲牠開啓了一扇窗，牠也不願意改變自己的方向。

如果我們總是一成不變地過生活，很容易讓自己的思想僵化，遇到不同狀況發生時，不知道該如何應變。就像故事中說出「不可能做到」的員工，直覺反應不可能，卻沒想過「如何做到」。

「如何去做」，不一定代表立即行動，卻可以提供可能的行動方式，等到時機成熟，就可以有效率地動起來。

如果你有一個偉大的夢想，千萬別存著「不可能實現」的消極想法，而要積極思考「如何達成」的可能性，即使你覺得自己的想法天馬行空，也不能放棄思索「如何去做」。

別讓自己被「不可能」的想法困住了，只要換個心境、轉個角度，就能成就無限可能。

相信自己，善用每一個轉機

真正能夠成就你的，只有你自己。當然，唯一能夠摧毀你的，也只有你自己。只有你，才能為自己的生命帶來轉機。

一九四七年，美孚石油公司董事長貝利奇到開普頓視察業務。在工廠的廁所裡，貝利奇看到一位年輕的黑人跪在地板上擦拭地上的水漬，每擦一下，就虔誠地叩一下頭。

貝利奇覺得很奇怪，問他：「你爲什麼要這麼做呢？」

黑人回答：「我是在感謝一個聖人。」

「喔？你爲什麼要感謝這位聖人？」貝利奇感到很好奇。

黑人笑著說：「沒有什麼特殊的原因。我感謝祂，是因爲祂幫我找到了工作，讓我終於有了飯吃。」

貝利奇很欣賞這名黑人的感恩之心，便告訴黑人說：「我曾經遇到過一位聖人，他讓我成了美孚石油公司的董事長。你想要見他一下嗎？」

「當然想啊，」黑人欣喜萬分地說：「我是個虔誠的錫克教徒，若是這位聖人能夠讓我吃飽以後還有餘錢，我當然願意去拜訪他。」

「既然如此，我向你的主管說情，讓他批准你一個月的假。你到南非的大溫特胡克山上去，那上面住著一位聖人，能夠爲人指點迷津，凡是遇到他的人，個個都會前程似錦、美夢成眞。二十多年前，我就是在那裡遇到了他，才能夠得到今天的成就。」

黑人一聽，迫不及待前往這個傳說之地。

三十天的時間裡，他一路披荊斬棘，餐風露宿，歷盡千辛萬苦，終於獨自登上白雪皚皚的大溫特胡克山。

只是，他在山頂上徘徊了一天，除了自己，什麼人都沒有見到。

等到他從山上回來，做的第一件事，就是去找貝利奇興師問罪。

年輕的黑人氣呼呼地問貝利奇說：「董事長先生，你是覺得我很好騙嗎？我照你的話去到山上，結果上面除了我之外，根本沒有什麼聖人。」

「你說得很對，除了你之外，根本就沒有什麼聖人。」貝利奇笑盈盈地對年輕黑人說道。

二十年後，這名黑人當上了美孚公司開普敦分部的總經理，他的名字叫賈納。二〇〇〇年的世界經濟論壇大會上，記者要求他為自己傳奇的一生發表一些意見，他回答說：「你發現自己的那一天，就是你遇到聖人的時候。」

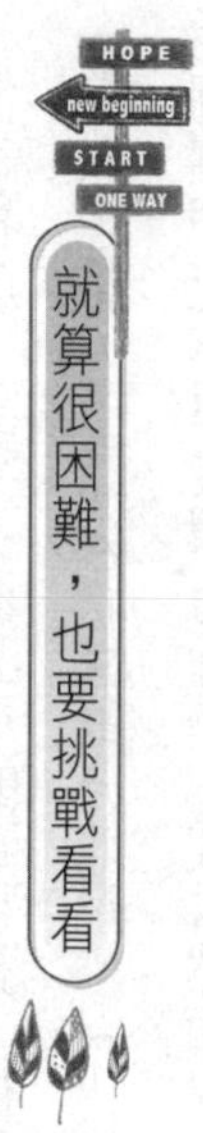

通往成功的道路，其實也像攀向山頂的路途。沒有人比你自己更值得依靠，沒有人比你自己更有資格替自己做決定，沒有人比你更清楚自己想要的是什麼，更沒有人能夠告訴你，你應該要怎麼做。

你就是自己最好的軍師、朋友、同伴，也是自己最好的大師以及貴人。不要等待別人爲你的生命帶來契機，不要依賴別人來決定你的命運，你的人生就掌握在自己的手上。

獲得諾貝爾獎的名作家加西亞．馬奎斯曾經在小說中寫道：「生活不過是不斷地給人機會，好讓人有活下去的希望。」

爲了讓自己有更好的人生，必須要表現得更好才行。眞正能夠成就你的，只有你自己。當然，唯一能夠摧毀你的，也只有你自己。只有你，才能爲自己的生命帶來轉機。

創造力就是競爭力

所謂「創意」，就是多元解決問題的能力。有創意，就有效益。願意在小事上動腦筋的人，往往可以獲得最大的成功。

有家貿易公司的會計，每天主要的工作內容就是處理各家廠商寄過來的帳單、發票、送貨單……等。

需要處理的文件太多了，會計經常不知道要先付錢給誰才好。

他的頂頭上司也是一樣，每次收到帳單，往往只看一眼就扔在桌上，對她說：「你自己看著辦吧。」

有一次，他的上司接到帳單以後，反常地說：「馬上付錢給他。」

那是一張從巴西傳眞來的帳單，上頭除了清楚標明貨物標的、價格、金額外，大面積的空白處還寫著大大的「SOS」三個字，旁邊畫了一個人頭像，是一張正在滴著眼淚的臉。

雖然只是簡單的線條，卻令人看了會心一笑。

不僅會計對這份帳單特別有感覺，上司也被上頭的圖畫吸引住了，他說：「人家都流淚了，就以最快的方式付錢給他吧。」

在商場上打滾了這麼多年，會計和他的上司心裡其實都明白，這個催帳的人未必眞的在流淚，也未必眞的這麼需要這筆款項。

但是，他卻因爲多用了一點心思，成功打動人心，以最有效率的方式完成了「討債」這項困難的任務。

HOPE
new beginning
START
ONE WAY

就算很困難，也要挑戰看看

人生的旅程不會永遠是平坦的康莊大道，難免有險路和泥沼，越是不景氣，越是失意，就越要勉勵自己發揮創意。

所謂「創意」，就是多元解決問題的能力；有創意，就有效益。

每個人都具備與生俱來的創意，只是看你願不願意運用它。

很多人都希望自己能夠更有創意，希望自己能夠想出一個空前絕後的妙點子，卻很少人願意把創意落實在生活中，在小事上發揮自己的創意。

事實上，眞正可以讓人顯得與衆不同的，正是這些生活上的小小創意。就拿公司的營運來說，如何在製造過程中降低成本、減少原物料的浪費、避免庫存、增加通路等等，都需要創意。

創意可以在不景氣的時代爲自己創造更多利益，創造力就是競爭力。

願意在小事上動腦筋的人，往往可以獲得最大的成功。

面對困境共同對抗，會讓彼此更有力量

試著與別人共同面對困境，唯有勇敢站出來對抗惡勢力，才能將身旁的種種危機轉變為成功的力量。

十九世紀，英國的貴族學校——哈羅中學，有項「以大欺小」的不成文傳統。人高馬大的高年級生，經常會欺負身材瘦弱矮小的新生，並且把他們當成奴才一樣使喚。

有個新生不了解這項「傳統」，不知好歹地拒絕了學長的命令，令一向習慣要威風的高年級生惱羞成怒，一把揪住新生的領子，劈頭一陣拳打腳踢。

在場圍觀的學生，有的習以爲常，有的冷眼相視，甚至還有人像看戲一樣

在一旁拍手叫好。

那名新生被打得皮開肉綻，卻沒有人肯插手制止這場鬧劇。終於，有人站出來說話了。他同樣也是一名外表文弱的新生，氣憤地抗議道：「你到底還要打他幾下才肯罷休？」

然而，他發出來的聲音卻像蚊子一樣又尖又細。高年級生聽了，冷笑一聲，高傲地說：「你以為你是誰？我要打他幾下就打幾下，關你什麼事？」

那名斯文新生眼眶含淚，卻十分堅定地回答：「不管你還要打幾下，讓我替他忍受一半的拳頭吧。」

高年級生聽到這出人意料的回答，一時來不及反應，猶豫地停住了手，為自己的行為感到慚愧。

這件事情傳出去以後，學校裡越來越多人願意勇敢站出來反抗惡行暴力，這位見義勇為的少年和被毆打的新生也從此結為莫逆之交。

這位被毆打的新生，就是後來英國頗負盛名的大政治家羅伯特．比爾。那個挺身而出，願意為弱者分擔痛苦的，則是揚名於世的大詩人拜倫。

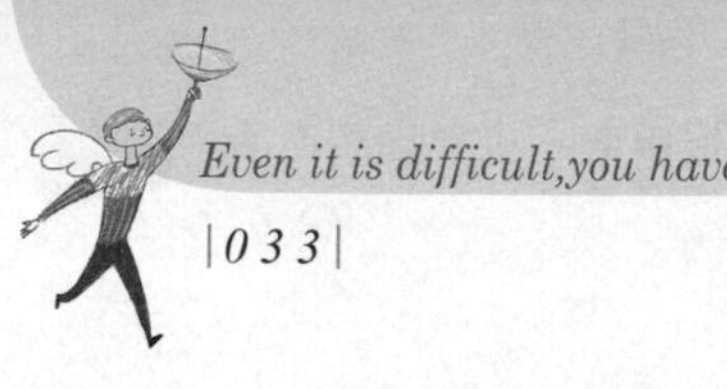

這個社會上，有很多好心人，只是大部分的好心人雖然有一顆善良的心，卻仍不免認爲，自己手無縛雞之力，拿什麼去對抗惡勢力？

這種心理使得現今正義的人很多，正義的聲音卻越來越小，好人寧可保持沉默，也不願意隨便去招誰惹誰。

是的，我們都無力阻止別人的痛苦，我們根本不是邪惡勢力的對手。

然而，雖然我們沒有能力幫助他人抵禦外侮，卻仍然可以分擔別人的痛苦，與別人共同面對困境。

幫助別人不是等到有能力以後才要去做的事，幫助別人必須從小處做起，從自己最大的能力範圍內做起，最重要的，是從現在開始做起。

很多時候，我們覺得自己心有餘而力不足，不是因爲眞的沒有能力，而是不肯犧牲自己的利益。

唯有勇敢站出來對抗惡勢力，才能將身旁的種種危機轉變爲成功的力量。

做想做的事情，就不怕面對困境

把「應該做」的事情和「想做」的事情合而為一，發生的一切危機就都不覺得是危機，自然能得到最好的結果。

有個年輕的業務員，對自己的工作充滿熱忱。

一次，他去拜訪一家貿易公司，到了公司樓下，很多人都在排隊等電梯。年輕人想也沒想，就開始爬樓梯，一路爬到那家公司所在的七樓。

他之所以這麼做，一方面是因爲不喜歡浪費時間等待，另外一方面是因爲爬樓梯可以促進全身血液循環，讓人感覺精力充沛。每次爬完樓梯，他都覺得自己全身上下充滿活力。

他微笑地拜訪了這家公司的總經理，總經理當場答應與他合作，只因爲他是第一個來拜訪他的廠商。

就在年輕人準備離開時，另外一家公司的業務員也進到了總經理辦公室。總經理告訴他來晚了一步，公司已經找到合作對象了，並且意有所指地對年輕人笑了笑。遲來的業務員只好失望地和年輕人一起走出總經理辦公室。

「算了，我剛才等電梯的時候，就已經看到你爬樓梯上樓了，要怪就怪我自己不夠勤快，失敗在等電梯這種小事上吧！」鎩羽而歸的業務員悻悻地說。

年輕人聽了，笑著說：「我走樓梯，不是爲了搶時間，而是因爲我喜歡。有時候，選擇自己喜歡的方式，才能精力充沛地應戰。」

說完，年輕人邁著輕快的腳步走樓梯下樓，留下另外一名業務員獨自一個人站在電梯口，一邊等電梯，一邊咀嚼年輕人的話。

成功有千百種方式，你自己喜歡的方式，絕對是最好的成功模式。

既然沒有人可以爲你的未來打包票，既然每一種方式都有一定的難度和風險，那麼，何不從中選擇一個你比較喜歡的方式呢？

我們習慣了用理性處理問題，也習慣了用常規來判斷事情，在這樣的思考模式下，我們太知道什麼是自己「應該做」的事情，卻很少去想到什麼才是自己眞正「想做」的事。

去做「應該做」的事，可以讓我們減少出錯的機會，但是去做「想做」的事，卻可以讓我們即使出了錯也不會有遺憾。

即使是從事「應該做」的事情，也可以加上一點自己喜歡的樂趣和創意，把「應該做」的事情和「想做」的事情合而爲一，用最好的心情去應戰，發生的一切危機就都不覺得是危機，自然能得到最好的結果。

積極面對生活中的難題

要怎麼過日子全操之在己，一個積極的人，是不會把「意料中的事」當作藉口來逃避責任和壓力的。

傑羅姆的媽媽是一位了不起的女人，對子女的教育方式值得人們學習。

爸爸因心臟病去世時，傑羅姆才二十一個月大，上面還有一個五歲的哥哥。他的母親必須負擔起養家的重任，雖然她沒有一技之長，也沒受過什麼教育，卻改變了傑羅姆的一生。

傑羅姆九歲時找到了一份在街上賣《傑克遜．維爾日報》的工作，雖然這份工作能賺到的錢並不多，對家中卻有不小的幫助。

但是，年幼的傑羅姆並不想要做這份工作，因爲他害怕要一個人到熱鬧的市區取報賣報，然後天黑時坐公車回家。他第一天下午賣完報回家，就對媽媽說自己再也不要去賣報了。

「爲什麼？」媽媽問他。

「您不會要我去的，媽。那兒有很多野蠻的工人，常在那兒喝酒、打架，滿口髒話，讓我覺得非常害怕，您不會要我在那種恐怖的地方賣報紙的。」

「我的確不希望你受他們影響。」她說道：「但野蠻、粗暴是他們的事，你賣你的報紙，可以不必理會他們。」

即使這麼說，母親並沒有強迫傑羅姆一定得回去賣報，她讓他自己考慮。第二天下午，傑羅姆考慮許久，還是決定出門繼續做這份工作，他了解母親要他這樣做的用意。

母親從小就教育他們：「要是牛陷在水溝裡，你非得拉牠出來不可。哪怕是在寒冷到連眼珠都會裂開的冬天，或者下大雷雨的夜晚，不論你願不願意這樣做，甚至會讓你感到不舒服，總是要把牛拉上來的。」

那年的某一個冬日，傑羅姆在聖約翰河上被寒風吹凍得半死，一位衣著講究的女士遞給他一張五美元的鈔票，說道：「這足夠付你剩下那些報紙的錢了，回家吧，你繼續站在這裡會凍死的。」

傑羅姆做了他知道媽媽也會做的事，他婉拒了女士的好心，繼續待下去，直到把報紙全部賣完後才回家。

因為他知道，冬天挨凍本來就是意料中的事，不是罷手的理由。

就算很困難，也要挑戰看看

在工作中，總會出現一些無法避免的難題。

如果你從事服務業，忍受顧客無理的態度是家常便飯；如果你是教職人員，面對孩子的吵鬧、家長的要求，就是你的工作；如果你是一個老闆，那麼商場上的爾虞我詐、員工管理的壓力，都是逃不掉的。

每一個行業都有難為之處，就算你只是個家庭主婦，也避免不了要為生活

大小事操勞，這就是人生，沒有十全十美。談了戀愛，就有失戀的可能；結了婚，就有家庭責任……

要怎麼過日子全操之在己，生活中一切可能發生的情況，不是早就知道了嗎？既然不能因爲颳風下雨就不出門工作，還有什麼好苦惱、難受的呢？

一個積極的人，是不會把「意料中的事」當作藉口，逃避責任和壓力的。

很多人常在事情發生時說：「沒辦法，這就是如此。」如果把這句話當作自我調侃，倒也是一種紓壓解力的方式，但若因爲這樣就退縮、止步，人生就只能在原地踏步了。

仔細想想，如果公螳螂因爲「早就知道交配會被吃掉」，而不肯犧牲自己成爲母螳螂孕育下一代的養分，那麼生物界中像螳螂一樣繁衍後代的生命，不就統統絕種了嗎？

堅持到最後一刻必有所得

堅持努力到最後一刻，不因為危機到來而輕言放棄，其間得來的收穫，必然是屬於你自己的。

面對全球經濟不景氣，一家公司決定裁員，人事部的王琪和佳佳都在裁員名單中，按照公司規定，她們倆必須在一個月之後離職。

打從消息傳出來的那一天開始，她們兩個的情緒都相當低落。

佳佳雖然心情跌到谷底，火氣卻非常高漲，不管誰跟她說話，都不會給對方好臉色看。即使她明知道裁員名單是總經理親自定下的，跟其他人一點關係也沒有，但是依舊把帳算在大夥兒頭上。

在接下來的日子裡，她上班時不是丟杯子、摔文件夾出氣，就是哭哭啼啼地找主管求情，每天急著替自己找退路，原本由她負責工作倒是一樣也沒做。一兩個禮拜下來，共事多年的同事們受夠了，原本還很捨不得她離開，現在反倒希望她快點走了。

倒是一向沉默寡言的王琪被裁員，一點兒也不出人意料，因爲她早就是出了名的「舌頭笨、手腳慢」。

知道自己即將被裁員之後，王琪哭了一整個晚上。只是，難過歸難過，她卻還打起精神，是把自己分內的事情處理得井井有條，甚至做得比以前更起勁。

王琪知道自己的動作比別人慢，所以一直以來，每天都自動加班到八、九點，非把事情做好才肯走。

裁員消息發佈之後，大夥兒原本以爲王琪這下子終於可以不用再加班了，因爲她再怎麼努力也改變不了這個事實。沒想到，王琪依然和往常一樣，兢兢業業地堅守在自己的工作崗位上。

她說，她要好好地做完最後一個月，不要留麻煩給別人。

一個月以後，佳佳如期離職，但是王琪卻被總經理慰留下來。

總經理說：「王琪的工作能力雖然平庸，但是工作態度卻無可挑剔，這樣的員工，公司永遠不會嫌多！」

就算很困難，也要挑戰看看

面對生活中的不景氣與不如意，如果期勉自己保持樂觀積極，那麼眼前這些苦日子，便是人生風雲再起的超強動力。

平常檯面上的積極努力，可以說是爲了升官加薪，也可以說是做給別人看的。最後一刻的敬業表現，可以形容它是「垂死的掙扎」，也可以說是爲了要給自己一個交代。

一般人都會認定，平時的表現是展現自己的能力，最後一刻的表現，則是展現自己的品格。

優秀的能力能夠讓你在職場上發光發亮，優良的品格卻可以讓你在別人的心目中馨香長存。

優良的品格表現在優良的工作態度上，態度決定一個人的價值。

詩人歌德曾經提醒過我們：「一個人怎樣才能認識自己的價值呢？絕對不是通過思考，而是通過實踐。無論如何都要盡力去履行自己的職責，那麼，你就會立刻知道你的價值。」

現代職場經理人越來越相信一則定律：沒有好的工作態度，就不會有好的工作能力。若是你連最後一刻都能表現出良好的工作態度，那麼，所有人都會相信，你眞的具備了良好的工作態度！

堅持努力到最後一刻，不因爲危機到來而輕言放棄，其間得來的收穫，必然是屬於你自己的。

放慢腳步，做好該做的事

不能只是想「做」很多事情，還要想「做好」很多事情才行。只要一件件完成該做好的事，就能夠把危機變轉變。

有位畫家舉辦過十幾次個人展，參加過上百次畫展。不管參觀者是多是少，無論業界的評價是褒是貶，他的臉上總是掛著開心的微笑。

朋友覺得很奇怪，忍不住問他：「你爲什麼總是這麼開心呢？」

畫家笑了笑，反問：「我爲什麼要不開心呢？」

接著，他說：「我小的時候，非常好學，也非常好強，凡事都追求第一。我學畫畫、學鋼琴、學打球、學游泳，結果不但樣樣都沒有傑出的表現，期中

考成績還落到了全班最後幾名。

當時，我非常不開心，一個人關在房間裡，悶悶不樂了好久。

我的父親知道這件事以後，並沒有責罵我。他特地找來一個小漏斗和一碗黃豆，對我說：『今晚，我想做個試驗給你看。』

他要我把雙手放在漏斗下面接著，然後撿起一粒豆子丟到漏斗裡面，豆子順著漏斗掉進了我的手裡。父親丟了十幾次，我的手中也有了十幾粒豆子。

接著，他一口氣抓起滿滿一把黃豆放到漏斗裡面，黃豆塞滿了漏斗，彼此擠得水洩不通，竟然一粒也沒有掉下來。

父親告訴我說：『這個漏斗代表你，假如你每天都可以做好一件事，那麼你每天就會有一粒豆子的收穫和快樂。但是，假使你想把所有事情都擠到一起來做，結果反而會連一粒豆子都無法收成。』

一直到今天，我依然記著父親的教誨——每天做好一件事，然後坦然微笑地面對事情的結果。」

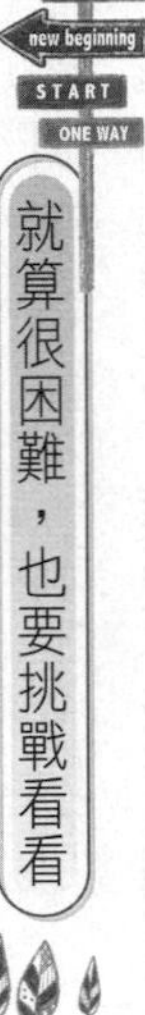

就算很困難，也要挑戰看看

求好不能心切，擇善不能固執。

追求完美、追求第一，是我們進步的原動力，但若是我們的要求超過了自己的能力，壓力蓋過了自己的實力，人生便會出現危機。這時，就必須調整前進的腳步，幫助自己找到一個舒服的位置。

想做很多事情是好的，這表示我們有學習的慾望和決心。但是，不能光只是想「做」很多事情，還要想「做好」很多事情才行。

去「做」一件事情，和去「完成」一件事情，其實是兩碼子事。

我們總是著重於自己「做」了什麼事，但是別人看見的，卻是我們究竟「完成」了什麼事。

當我們的人生遇到不景氣，不必急著想解決所有的問題，只要慢下腳步，一件件完成該做好的事，就能夠把危機變轉機。

珍惜每個不如意，就能看見轉機

當壞事發生時，你可以把它當成上天對你的懲罰，也可以把它看作是啟發。何妨把每一個危機都當成是生命中的轉機呢？

從前有個不喜歡思考的國王，和一個非常喜歡動腦筋的宰相。

國王最常講的一句話是：「別問我，去問我的宰相。」

宰相最常掛在嘴邊的一句話是：「一切都是最好的安排。」

一天，國王出遊打獵，不小心從馬上摔下來，摔斷了小指頭，當場血流不止。國王感到十分掃興，立刻下令回宮。

宰相得知此事之後，特地趕來安慰國王，笑著對國王說：「大王啊！少了

一小塊肉總比少了一條命來得好吧！想開一點，一切都是最好的安排！」

既丟了小指頭又丟了臉的國王哪裡聽得進去這種風涼話，氣呼呼地說：「嘿！你眞是大膽！你眞的認爲一切都是最好的安排嗎？」

「是的，大王，只要我們能夠超越一時的得失成敗，就會發現，一切眞的都是最好的安排。」宰相依然好言相勸。

國王瞇著眼睛說：「那……如果我把你關進監獄，也是最好的安排？」

「如果是這樣，我也深信這是最好的安排。」宰相依然毫不嘴軟。

國王爲了展現王者權威，立刻命侍衛把宰相抓進牢裡關起來。宰相雖然成了階下囚，卻仍然回頭對國王說：「這的確是最好的安排！」

一個月過去了，國王手上的傷口痊癒，打算微服出巡。以往微服出巡時總是不忘找宰相作伴，但是既然自己已經把宰相關進監獄裡，又還沒有找到釋放他的理由，只好摸摸鼻子，一個人孤單地出遊了。

國王走著走著，不知不覺來到一處偏遠森林，突然間，有個野蠻的原始部落從樹叢裡衝了出來，把國王五花大綁起來，準備充做祭拜山神的犧牲品。

國王望著熊熊的烈火，和裝著沸油的鍋爐，眞是叫天不靈，叫地不應。他想問宰相該怎麼辦，可是宰相在哪裡？

就在即將下鍋之際，祭司前來檢查祭品的品質，卻發現國王的小指頭少了半截。這種「殘缺」不全的東西，怎麼可以拿來獻給偉大的山神呢？這可是天大的不敬啊！

既然祭品已經失去了價值，野蠻人只好氣呼呼地把「廢物」放走。

國王因禍得福，僥倖撿回一命。

他回到皇宮以後，做的第一件事，就是直奔天牢，探望他的宰相。

國王緊緊握著宰相的手，百感交集地說：「你說的眞是一點也不錯，一切都是最好的安排！如果不是我的手受了傷，可能今天連命都沒了。」

宰相笑說：「這就對啦，一切都是最好的安排。要不是我無緣無故地被您關進監牢，肯定就會陪您出宮。想想看，等到那些野蠻人發現國王不適合拿來祭神時，他們會找誰來代替呢？所以，我要為大王將我關進監牢而感謝您，您不但救了自己，同時也救了我一命啊！」

就算很困難，也要挑戰看看

當壞事發生的時候，你可以把它當成上天對你的懲罰，也可以把它看作是上天給你的啓發。

是福還是禍，沒有人知道。是好是壞，也要等到最後才會揭曉。埋怨它，事情不會變好。接受它，事情也不一定會變好，但是心情卻可以變好。

那麼，何妨把生活裡的每一個危機都當成是生命中的轉機，帶著微笑坦然面對呢？

只要你相信「一切都是最好的安排」，便不會再奢望那些不屬於你的福分，並且會回過頭去珍惜你已經擁有的東西。

上天的安排或許不能盡如人意，但接受這樣的安排，雖然沒有得到想要的東西，卻能得到你最需要的平靜。

PART 2

盡力爲自己的決定努力

若能謹慎為每一個人生岔路做選擇，不論得意或失意都不隨便做決定，總是為自己的選擇努力，那麼將會有驚喜等著自己。

盡力為自己的決定努力

若能謹慎為每一個人生岔路做選擇，不論得志或失意都不隨便做決定，總是為自己的選擇努力，那麼將會有驚喜等著自己。

德國一個火車小站裡，一位扳道員正要走向自己的崗位，去爲一輛徐徐駛近的列車扳動道岔。

鐵軌的另一頭也出現一輛火車，正從相反方向隆隆駛近車站。假如他不扳道岔，這兩輛火車就會相撞，釀成巨大的災難。

這時，他無意間回頭，赫然發現自己的小兒子正在鐵軌的那一端玩耍，而那輛開始進站的火車就行駛在這條鐵軌上。

「怎麼辦？」他的腦海裡冒出一道聲音，是要立即飛奔過去，把兒子搶救上站台，還是要繼續扳動道岔？

一想到迎面駛來的列車上將會有數百人面臨喪生的厄運，他強忍巨大的痛苦，決定不違反自己肩負的安全職責。

這位工人向他的兒子大吼一聲：「臥倒！」隨即快步奔向崗位扳動了道岔，一眨眼工夫，這輛火車安全地進入了預定的鐵軌。

他的兒子由於平常就習慣服從長輩的命令，沒顯出絲毫的慌亂，立即筆直地躺倒在鐵軌中央，一列火車就這樣從他的頭頂呼嘯飛馳而過。

車上的旅客們毫不知情他們的到來爲一顆崇高的心靈帶來了多麼巨大的痛楚，他們的生命也懸在千鈞一髮中。

隨即，那位父親朝著兒子的方向狂奔而去，不敢想像將會看到多麼慘不忍睹的情狀。當火車通過，看到兒子還活著，而且未受一點損傷，慢慢起身時，他激動得流下眼淚！

如果你是那位鐵道員，你會怎麼做出什麼樣的抉擇呢？是救孩子，還是救整車的乘客？不管選擇哪一個，都會在人生中留下巨大的創傷，可是你就是必須做出一個選擇。

每個人的一生，都是由無數次的抉擇形成的，當你做出一個決定，人生就是一個新局面的開始。就像走向人生的岔路，不管你選擇了哪一條，都會帶你走向不同的方向，過一個不同的人生。

例如，在同一家庭中，一個孩子選擇留在家鄉發展，他的一生可能就是安安穩穩，沒有什麼大風大浪；另一個孩子決定到異鄉奮鬥，他的人生際遇將完全改變，讓人難以預期。

交朋友也是一種選擇，當你選擇跟一群狐群狗黨友好時，等待你的可能是打架、吸毒，或者開啓的監獄大門。可是，你選擇遠離這些人，等待自己的又

是不一樣的人生。

或許你會說：「既然這樣，我乾脆什麼決定都不做，不做任何選擇，隨著生命或者長輩的安排自然發展吧。」

就算是這樣，也是一種選擇，因爲你選擇把決定權交給了別人。

日常生活中充滿了各式各樣的選擇，小至今天要吃什麼、穿什麼顏色的衣服、去哪裡玩，大至是否要動一個成功率只有百分之三十的手術、要不要個生孩子……等等。

當你做出一個選擇，就會有不同的改變。若能謹慎爲每一個人生岔路做選擇，不論得意或失意都不隨便做決定，總是爲自己的選擇努力奮鬥，那麼將會有出乎意料的驚喜等著自己。

遇到難題，得找別人幫助自己

不要被一時的挫敗打擊，越是失意的時候越要努力行動，只要有所行動，就能吸引別人來幫助自己。

大學剛畢業時，他進入一家報社當新聞記者。有一天，他正在趕寫一篇文章時，編輯部主任突然對他說，晚上有一場很重要的音樂會，可是負責寫這篇音樂評論的記者突然生病住院了，因此決定派他去參加音樂會，並寫出一篇評論文章，明天見報。

他對音樂一竅不通，怎麼有辦法寫出評論文章呢？但是，主任的命令他沒有膽量拒絕，只好不吭一聲。

主任見他沉默，了解他擔心自己不能勝任，便告訴他說：「沒有過不去的火焰山，船到橋頭自然直。你頭腦轉得快，我相信你會克服困難，寫出一篇像樣的評論文章的。」然後，主任擺了擺手，容不得他再說什麼，就把他打發了出去。

當天晚上，他愁眉苦臉地坐在劇場中。劇場另一邊，他清楚地看到了另一家報社的記者翹著二郎腿，微閉著雙眼，腦袋隨著音樂的節奏微微晃動，一副胸有成竹的樣子。

他知道，明天他們的報紙上肯定會出現精采的文章。目前最讓他苦惱的是，自己的任務該怎麼去完成呢？

音樂會快結束的時候，他突然想到了一個辦法。舞台上的布幕才剛落下，他立即衝到後台，找到一位著名的小提琴演奏家。他向她自我介紹，說明自己面臨的困難，坦誠地向她求助。

他說：「實際上，我是在請您幫忙我寫這篇音樂評論。我想，您一定願意幫助我這名新手的。」

小提琴家望著他笑了，喝了一口水，便滔滔不絕地講了起來，他也趕忙做起筆記。第二天，兩篇評論文章同時見報，圈內人士都驚呼發現一名音樂評論新星。一炮而紅的他，成爲專職的音樂記者。

他運用第一次成功的經驗，再加上不斷地學習和鑽研，幾年後，成爲大家公認的音樂評論家，最後還擔任一家全國性音樂雜誌的總編輯。

就算很困難，也要挑戰看看

不曾遭遇挫折的人，遇到困境的時候，通常會不知所措，但是經歷挫折的人，在面對困境的時候，卻會越挫越勇，會想盡辦法尋求助力。

一個從未接觸音樂領域的人，卻能走上音樂評論這條道路，並有如此成就，實在教人敬佩。然而，眞正讓他踏上成功之路的原因是什麼呢？

可以想一想科學家牛頓說過的話：「如果說我看得比別人更遠，那是因爲我站在巨人的肩膀上。」

這位對音樂一竅不通的大學生，懂得尋求前輩及周邊人的協助，讓他有辦法寫出精闢的文章。即使另一家報社的記者對音樂有再多的了解，也比不上一個眞正的音樂家，寫出來的評論，自然不敵大學生寫的。

大學生等於站在這位音樂家的肩膀上，借著她的力量，用兩個人的智慧，拉近他和另一個記者在音樂知識上的差距。

在這一切前提下，最重要的還是大學生「自助」的行動。

如果他在聽完音樂會後，沒有向小提琴家尋求幫助，而是回家苦思一晚，是不可能擠出一篇像樣的評論文章的。

一個人想要獲得別人的幫助，就必須有膽識去尋求援助的管道。既然不懂音樂，就去找個懂的人來幫忙。

不要被一時的挫敗打擊，越是失意的時候越要努力行動，只要有所行動，就能吸引別人來幫助自己。

處在困境，更要保持平靜

不論處在怎樣失意的環境中都努力保持平靜，並且多花點心思關心他人，就會發現，原來我們的問題也不怎麼樣了。

亨利從商多年，過了半百的年紀，事業仍無起色。屢屢受挫的他情緒十分低落，常常無端地發脾氣，埋怨所有不如意的事。

有一天，他對妻子說：「這個城市令我失望透了，我想離開這裡，換個地方。」無論朋友們如何勸留，都無法改變他的決定。

亨利和妻子來到了另外一個城市，搬進一幢老舊公寓。亨利忙於生意，早出晚歸，對周圍的鄰居未曾在意。一個週末的晚上，亨利正對妻子抱怨碰上商

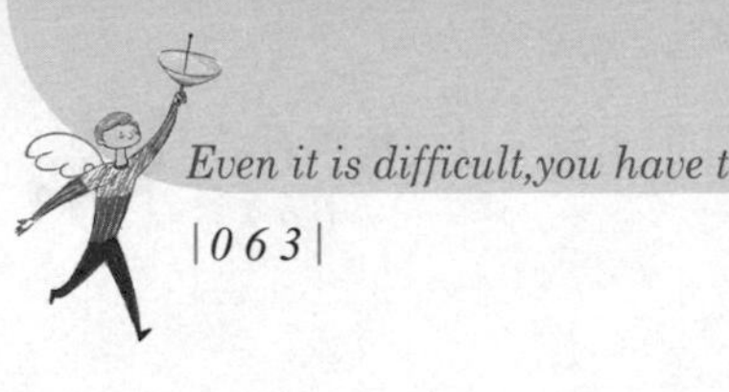

場上的騙子時，突然停電了，屋子裡一片漆黑。

亨利很後悔搬來時候沒有準備蠟燭，只好無奈地坐在地板上抱怨起來。這時，門口突然傳來輕輕地、略爲遲疑的敲門聲，打破了黑夜的寂靜。

「誰呀？」亨利在這個城市並沒有熟人，也不願意在週末被人打擾。他很不情願地起身，摸黑走到門口，不耐煩地開了門。

門口站著一個小女孩，怯生生地對亨利說：「先生，我是您的鄰居。請問您有蠟燭嗎？」

「沒有！」亨利粗暴地回答，並在下一秒「砰」一聲地把門關上。

「眞是麻煩！」亨利對妻子抱怨道：「討厭的鄰居，我們剛剛搬來就來借東西，這樣下去怎麼得了！」

就在他滿腹牢騷的時候，門口又傳來了敲門聲。打開門，門口站著的依然是那個靦腆的小女孩，只是手裡多了兩根蠟燭，紅通通的，就像小女孩漲紅的臉，格外地顯眼。她小心翼翼地說：「奶奶說，樓下來了新鄰居，家裡可能沒有準備蠟燭，要我拿兩根給你們。」

亨利頓時楞住了，被眼前發生的一幕驚呆了，好不容易才緩過神來。這次他眞誠地說：「謝謝妳和妳奶奶，上帝保佑妳們！」

就算很困難，也要挑戰看看

當一個人處於困境時，越想獲得平靜，反而越感到苦惱。因爲此時將焦點過度集中在自己身上，總是用放大鏡看待自己的處境。

處境不順的人滿腦子只想著：「我眞是天底下最不幸的人了。」自憐的情緒之後，就是感慨、憤怒，抱怨整個大環境爲何要這樣對待自己。

挫折的情緒每個人都有，可是若讓自己沉浸其中，甚至遷怒他人，只會讓視野更狹窄，前方的道路更加崎嶇難行。看到小女孩拿著蠟燭的瞬間，亨利終於明白到，自己失敗的根源就在於對別人的冷漠與刻薄。如果我們能拉開一點距離來看待自己的問題，不論處在怎樣失意的環境中都努力保持平靜，並且多花點心思關心他人，就會發現，原來我們的問題也不怎麼樣了。

越失意，就要越努力

只要我們失意時也不放棄，將自己的實力發揮到極致，多一點信心再堅持一下，就能得到屬於自己的成功。

作家布朗曾說：「處在現今這個時代，如果因為失意就自暴自棄，那麼你將永遠站在失敗的這一邊。」

這句話告訴我們不要將一時的失意，當成自己永世不能翻身的心靈魔咒，先萬要切記，當自己越失意的時候，就越必須努力，因爲，只有努力，才能將自己從失意的泥沼之中拯救出來。失意的時候，千萬不要對未來感到悲觀和沮喪，反而要更加努力，把眼前的不如意當成是希望來臨之前的曙光。

老亨利是一家大公司的董事長，儘管年過七旬，仍不願意在家裡享清福，每天都到公司巡視。他對員工很和善，從不發脾氣，總是鼓勵表現不佳的員工：「沒關係，別灰心，再堅持一下，一定能成功。」說完還拍拍對方的肩膀。他這種做法很得人心，大家都賣力地工作，誰也不偷懶。

一天，產品開發部經理馬克向老亨利提出報告：「董事長，這次試驗又失敗了，我看就別再試了，已經是第二十三次了。」

馬克皺著眉頭，瘦削的臉上神情十分沮喪。

「年輕人，別著急，坐下。」老亨利指了指椅子，「很多事情就是這樣，屢做屢敗，眼看沒有希望了，但再堅持一下，就能成功。」老亨利安慰馬克。

看著老亨利神色自若，又擁有如此寬廣又舒適的辦公室，馬克心裡不太平衡，心想：「他有何本事成爲這間大公司的老闆？根本不懂我的難處。」

「董事長，我沒辦法了。您是不是該換個人辦？」馬克的聲音有些猶豫。

「馬克，你聽我說，我之所以將工作交給你，是因爲我相信你一定能成

功。讓我爲你講個故事。」老亨利吸了一口雪茄，開始說了起來。

「我從小家境清寒，沒受過什麼教育，但我一直努力想闖出一番名堂。終於在我三十一歲那年，發明了一種新型節能燈，在當時造成不小轟動。但我是個窮光蛋，需要一大筆資金開發市場。

我好不容易說服銀行家投資我的節能燈市場，其他業者知道此事，害怕自己的燈會沒銷路，千方百計阻撓我。可是誰也沒想到，就在我要和銀行家簽約時，突然得了膽囊炎住進醫院，醫生說必須動手術，否則有生命危險。

其他燈廠的老闆知道我生病的消息，四處散佈傳言，說我得的是絕症，想騙取銀行的錢來治病。更嚴重的是，有一家公司正在加緊研製這種節能燈，如果他們搶在我前頭，我就完蛋了！躺在病床上的我萬分焦急，只能鋌而走險，先不動手術，如期與那位銀行家見面。

見面前，我先打了止痛劑。我忍住疼痛，裝作沒事般和銀行家討論投資的事。藥效過後，我的肚子跟刀割一樣疼，後背的襯衫都讓汗水濕透了。我仍咬緊牙關，繼續和銀行家周旋，那時我心裡只剩下一個念頭：再堅持一下，成功

與失敗的關鍵就在能不能挺住這一時了。

在銀行家面前，我一點破綻也沒露，完全取得了他的信任，最後，我們終於簽了約。我送他到電梯門口，臉上還帶著微笑，揮手向他告別。當電梯門一關上，我就撲通一下昏倒在地，緊急送醫。後來醫生告訴我，當時我的膽囊已經積膿，相當危險！」

「我就是靠著這種精神，才一步步走到現在的。」老亨利微笑著，一口氣將自己的故事講完。

馬克被董事長的精神感動，打起精神繼續試驗，在試驗進行到第二十五次的時候，終於成功了。

就算很困難，也要挑戰看看

無論一個人再怎麼優秀，再怎麼有能力，失敗的次數還是和平常人一樣。這是因為，人們會跟與自己能力相當的人競爭，自然失敗的次數也和常人一樣。就像一個網球國手，和他比賽的對象都是國家級的網球好手，面對強勁的對手，他不一定每次都獲得勝利。

「如果能再聰明一點、再強一點就好了。」當我們遇上困難時，總會這樣想，並且相信那些比自己優秀的人所遭遇的失敗一定比自己少。因爲抱持這種想法，所以讓自己愈來愈沒信心，更容易向問題投降。

就像故事中的馬克，羨慕老亨利的成就，埋怨自己的不如意，卻沒想過老亨利的成功也是經過重重考驗。

英國作家毛姆曾經寫道：「一經打擊，就喪志失意，甚至放棄努力的人，永遠是個失敗者。」

當我們自覺能力不如人時，不妨修正自己的想法，就算再優秀的人，跌倒的次數也和我們一樣。只要我們失意時不放棄，將自己的實力發揮到極致，多一點信心再堅持一下，就能得到屬於自己的成功。

遇到挫折之時，記得從零開始

我們必須學習這樣的精神，面對每一次挫折的同時，勇敢告訴自己：「一切從零開始，也是一件好事！」

五十多年前，一個年輕人從中國隻身來到陌生的國度——馬來西亞。當他站在這片土地上時，口袋裡只剩下五塊錢。

爲了生存，他在這片土地上爲橡膠園主割過橡膠、爲蕉農採過香蕉、爲小飯店端過盤子……誰也不沒想到，就是這樣的一個年輕人，五十年後竟然可以成爲馬來西亞的一位億萬富翁。

很多人試圖找到他成功的秘訣，但後來發現，他所擁有的機會跟大家都是一樣的。唯一的區別可能是他敢於冒險，可以在賺到十萬塊的時候，把這十萬塊全部投入新行業。在那個動盪的投資環境中，一般人很難做到這點。

馬來西亞首相馬哈蒂爾，也聽過這號人物，在某次機緣下請他幫個忙。當時，馬來西亞有一家國營鋼鐵廠經營不善，虧損高達一．五億元。首相找到他，請他擔任該公司的總裁，並設法挽救該廠。

他爽快地答應了！在別人看來，這是一個錯誤的決定，因爲鋼鐵廠積重難返，生產設備落後，員工凝聚力渙散。接管這間工廠，無疑是將自己投入巨大的無底洞中，用再多金錢也無法塡平。

可是他卻坦然接受一切，並對媒體說：「當年我來到馬來西亞時，口袋裡只有五塊錢，這個國家助我成功，現在是我報效國家的時候。如果我失敗了，等於損失了五塊錢。」

年近六旬的他從豪華的別墅裡搬了出來，來到了鋼鐵廠，在一個簡陋的宿舍辦公，只領象徵性的工資，馬來西亞幣一元。

三年過去了，企業轉虧爲盈，盈利達一．三億港元，而他也成爲東南亞鋼

鐵巨頭。他又成功了，贏得讓人心服口服。

面對成功，他笑著說：「我只是撿回了我的五塊錢。」

這位值得敬佩的企業，就是馬來西亞巨亨謝英福，他的創業傳奇被馬來西亞人津津樂道。

就算很困難，也要挑戰看看

作家史塔克曾經這麼說：「所有我們遭遇的挫折，其實都是帶領突破人生困境的重要轉折。」

在生命歷練的過程中不可能沒有創傷，人生也不可能永遠都是康莊大道，應該以積極的心態面對生命中的各種挫折，它們才可能變成人生的轉折。

有個人在最低潮的時候，向別人抱怨：「我已經一無所有，所有一切都歸零。我的一生完了！」

聽他訴苦的人並沒有安慰他，反而微笑地回答：「歸零？這不是很好嗎？

一切可以從零開始！」

是啊！一切從零開始的確是件好事。你沒有任何的負擔、牽掛，就算失去了所有，也只不過是「零」，而不是負號啊！

對謝英福來說，「五塊錢」就是一個「零」，就算失去了全部的家產，也只不過是回到起點，從「零」開始。

因此，他能坦然面對每一個「得」與「失」。得到，就是從「零」開始往上加；失去了，也不過是回到「零」。

得失心每個人都有，但是把得失看得太重的人，碰到挫折、失去的同時，很容易一蹶不振，無法接受「失去」的事實，走不出挫敗的陰影，自然沒有重新開始的動力和機會。

或許，我們沒有那些成功人士的豁達，也沒有本錢讓自己一再跌倒，但是我們必須學習這樣的精神，面對每一次挫折的同時，勇敢告訴自己：「一切從零開始，也是一件好事！」

不怕跌倒，才會越來越好

「懂得如何爬起來」，才是摔倒要帶給我們的寶貴經驗。只要面對每一次的挑戰都努力奮戰，總有一天成功將屬於自己。

里蒙．斯通生於一九○二年，父親早逝，母親獨自把他撫養長大。

里蒙的母親在他十幾歲時，把辛苦存下的一點錢，投保到底特律一家小保險經紀社。這家保險經紀社替底特律的美國傷損保險公司推銷意外保險和健康保險，推銷員僅一人，那就是里蒙的母親。每推出一筆保險，她就會收到一筆佣金，這是她唯一的收入。

里蒙十六歲的那年暑假，母親引導他去推銷保險。他走到母親指派給他的

大樓前，猶豫了好一會兒，才勇敢地走進去。

他逐門進行推銷，大多數的人拒絕了他，還有人當著他的面甩門。結果，只有兩個人買了保險。

第二天，他仍走向同一棟大樓，向昨天拜訪過，但被拒絕的住戶推銷保險。有了先前的經驗，他更了解該如何推銷。

這一天，他賣出了四份保險。第三天，他賣出了六份。就這樣每天一點一滴的進步，到了假期快結束時，他居然創造了一天十份保單的好成績，後來甚至有高達二十份的好成績。那時他發覺，他的成功，是因爲自己有積極的心態，並能積極行動的緣故。

二十歲時，他在芝加哥開了一家保險經紀社，全公司只有他一個員工。開業頭一天，他就賣出五十四份保險。後來事業一天比一天興旺，有一天，居然創造了一百二十二份保單的紀錄。

之後，他開始在各州招人，在各地擴展他的事業。每一個州都有一名推銷總管，管理各地員工。那時，里蒙還不到三十歲。

後來，美國因為經濟大恐慌，大家都沒錢買健康和意外保險，真有錢的，又寧願把錢存下來以防萬一。

這時，里蒙為自己增加應付困難的座右銘：「銷售是否成功，決定於推銷員，而不是顧客。如果你以堅定的、樂觀的心態面對艱難，反而能從中找到益處。」結果，他每天成交的份數，竟與以前鼎盛時期相同。

到了一九三八，里蒙成了一名百萬富翁，而他所領導的保險公司，也成為美國首屈一指的大企業。

就算很困難，也要挑戰看看

多數父母都會希望自己的孩子「不要跌倒」，總是盡其所能的保護他，讓他不受傷害。可是，世界上有哪一個人的一生，從未受過傷呢？

為人父母只能儘量選擇平坦的道路讓孩子行走，卻不能保證在這條路上沒有車子橫行。里蒙的母親清楚知道這點，唯有親身經歷過摔倒，才懂得如何爬起來，因此鼓勵年紀輕輕的他走進人群賣保險，即使這並不是件容易的事。

法國作家巴爾札克曾說：「世間的事永遠不是絕對的，結果完全因人而異。以苦難來說，它對天才是一塊墊腳石，對能幹的人是一筆財富，對弱者則是一個萬丈深淵。」

別將焦點聚集在「會摔跤」上，「懂得如何爬起來」才是摔倒要帶給我們的寶貴經驗。就算我們能保護自己現在不跌倒，可是難保哪一天跌倒時，是否眞的有能力去承擔那種傷害。

那些從來不曾受過風吹雨打的溫室裡的花朵，一旦接觸室外的世界，往往比一般野花更容易受到強風豪雨的摧殘，就此一蹶不振。

如果你是個常常摔跤的人，也不必太灰心，因爲你將有機會成爲一個「懂得如何爬起來的高手」。只要充滿積極上向的心態，面對每一次的挑戰都努力奮戰，總有一天成功將屬於自己。

相信自己，批評可以一笑置之

一切批評你可以選擇參考或接受，只要自己總是努力認真地生活著，凡事無愧於心，對於不善的言詞都可以一笑置之。

一群人到山上打獵，其中一個獵人不小心掉進很深的坑洞裡，右手和雙腳都摔斷了，只剩一隻健全的左手。坑洞非常深，又很陡峭，所有的人都束手無策，只能在地面上喊叫。

幸好，坑洞的壁上長了一些草，那個獵人就用左手撐住洞壁，以嘴巴咬草，慢慢地往上攀爬。地面上的人就著微光，看不清洞裡情況，只能大聲爲他加油。等到看清他身處險境，靠嘴巴咬著小草攀爬時，忍不住議論起來。

「哎呀！像他這樣一定爬不上來的！」

「情況眞糟，他的手腳都摔斷了耶！」

「對呀！那些小草根本不可能撐住他的身體。」

「眞可惜！如果他就這樣摔死了，留下的龐大家產就無緣享用了。」

「是啊，他的老母親和妻子可怎麼辦才好！」

落入坑洞裡的獵人實在忍無可忍，忍不住張開嘴巴大聲吼叫：「你們都給我閉嘴！」就在他張口的瞬間，再度落入坑洞。重傷的他即將死去之前，還聽到洞外異口同聲傳來：「我就說嘛！用嘴爬坑洞，是絕對不可能成功的！」

有一個小和尚非常苦惱，因爲師兄師弟們老是說他的閒話，讓他無所適從。就連唸經的時候，他的心也在那些閒話上。

於是，他跑去向師父告狀：「師父，他們老說我的閒話。」

師父雙目微閉，輕輕說了一句：「是你自己老說閒話吧。」

「是他們瞎操閒心。」小和尚不服。

「不是他們瞎操閒心，是你自己瞎操閒心。」

「是他們多管閒事。」

「不是他們多管閒事，是你自己多管閒事。」

「師父，您爲什麼這麼說？明明都是他們說的啊。」小和尚得不到師父的安慰，急得快哭出來。

「操閒心、說閒話、管閒事，那是他們的事，就讓他們說去，與你何干？你不好好唸經，老想著他們操閒心，不就是你在操閒心嗎？老說他們說閒話，不就是你在說閒話嗎？老說他們管閒事，不也是你在管閒事嗎？」

HOPE
new beginning
START
ONE WAY

就算很困難，也要挑戰看看

被批評的確是一件令人難受的事，沒有人喜歡被批評。連頗有名望的法國足球選手席丹，都可以因爲對手幾句污辱的話而做出犯規舉動，被判紅牌出場，在人生最後也是最重要的一場比賽中留下遺憾。

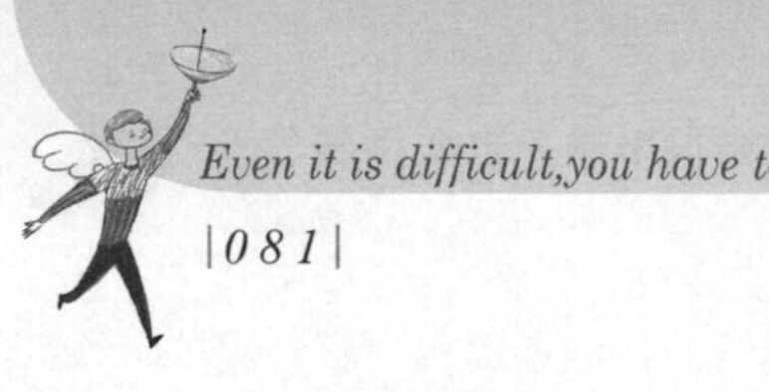

可是，因爲別人的幾句批評而一蹶不振，或者發生打架、砍人的事件，甚至因爲那些話而丟掉生命，眞的値得嗎？

批評是一種很主觀的東西，它出於評論者的口中，代表的不過是他個人的看法和觀點，它可能很有道理，也可能是胡說八道，純粹是爲了打擊對方。對於這類「個人」話語，更需要用理智來判斷。

或許你會說：「這些我都懂，可是我還是很在意。」

爲什麼會這樣呢？當別人的批評出口時，已與他們無關，反倒是受到批評的人，一直把那些話放在心上，一次又一次用它來折磨自己。也因此，才會如此在意別人的批評，並深受其擾。

請謹記一個眞理：別人的批評，其實與你無關。

對方會批評只是因爲他想批評，不管是說些無關緊要的閒話，或者刻意攻擊，還是想給你建議，都只是他個人的意見。一切批評你可以選擇參考或接受，當然也可以拒聽，拒絕對方不善的言論。只要你知道自己總是努力認眞地生活著，凡事無愧於心，對於不善的言詞都可以一笑置之。

要克服環境，不要被環境馴服

必須時時注意自己所處的環境，千萬別等到自己變得跟環境一模一樣時才發現不對勁，這時候通常都來不及了。

一位老師帶著一群國中生到野生動物園做戶外教學。經過水塘時，幾隻優美的天鵝，在水面上追逐嬉鬧的身影吸引了他們的目光，於是一群人便停下腳步觀賞天鵝的姿態。

關於天鵝，這位老師所知不多，只知道牠們是一種候鳥，有著長途遷徙的習性。每一年，天鵝都要飛越千山萬水，從寒冷的北國飛到溫暖的南方過冬，這段距離長達萬里。

可是，眼前的這群天鵝爲什麼有辦法在沒有任何柵欄圍堵的情況下，常年待在一方狹小的水域，不會飛走呢？

是因爲牠們的翅羽經常被修剪得很短？還是雙翅被繩子牢牢地綑綁著？抑或是牠們的雙足套著一對沉重的鐵環？

面對學生此起彼落的問題，老師不知道該如何回答。這時，一位飼育員走了過來，了解狀況後，便熱心地替他們解說起來。

原來，爲了不破壞天鵝高貴優雅的姿態，又必須同時剝奪牠飛翔習性，有一個兩全其美的辦法，便是儘量縮小水域的空間。

因爲天鵝展翅高飛之前，必須有一段足夠長的水面可供滑翔，如果助跑線的長度過於短促，天鵝就難以施展擁抱藍天的理想了。

久而久之，這群天鵝便會喪失飛翔的意圖，甚至泯滅了飛翔的本能。

望著這群長年窩在狹小水域，展翅卻不曾高飛，只會向人乞食的美麗天鵝，讓人難免引起一陣感慨。

古人稱天鵝為「鴻鵠」，就是志向高遠的象徵。然而，一旦失去了飛翔的能力，「鴻鵠」和「燕雀」又有什麼區別呢？

這也讓人想到曾經流行一時，每顆價值上千元的方形西瓜，那是人為利用容器限制生長下，刻意栽培而成的形狀。

讀到這兒，相信聰明的你是否開始對自己發出警訊？想想自己是不是也讓自己待在某個被限制的環境中而不自覺呢？

人都是好逸惡勞的，當你在一個安逸的環境久了，通常都不會想改變。只要過得去，何必讓自己累個半死，輕鬆自在不是很好嗎？

環境和人的關係是「相對相生」的。在「相對」期間，不是你改變環境，就是環境改變你。等到一切成形後，就進入了「相生」階段，你將和環境和平共處，彼此融合在一起。

如果這個環境是個讓人奮發向上，充滿朝氣的地方，耳濡目染下，人也會跟著成長。相反地，若是置身死氣沉沉、溫吞散漫的環境，又未曾時時提醒自己要打起精神、強迫自己要不斷努力，便很容易跟著麻痺、怠惰。

必須時時注意自己所處的環境，在適當時候做點改變，就像電腦每一段時間都會升級一樣，才能讓自己在穩定中成長。千萬別等到自己變得跟環境一模一樣時才發現不對勁，這時候通常都來不及了。

要克服環境，不要被環境馴服。只有具備不怕失敗的勇氣與鬥志，才可能以最佳狀態面對人生的順境和逆境；一個不敢迎接生命中的各種挑戰，總是屈就環境的人，成功之路終將遙遙無期。

不論得意或失意，都要得人敬意

不論在得意還是失意的時候，都能保持同樣的態度，獲得別人的尊重和敬愛，才是最有價值，最值得驕傲的事！

一天，蘇格拉底和弟子們聚在一起聊天。一位家境富裕的學生，趾高氣揚地對著所有同學炫耀，他家在雅典附近擁有一望無際的肥沃土地。

當他口若懸河大肆吹噓的時候，一直在旁邊不動聲色的蘇格拉底拿出了一張世界地圖，對他說：「亞細亞在哪裡？麻煩你指給我看。」

「這一大片全是。」學生指著地圖回答。

「很好！那麼，希臘在哪裡？」蘇格拉底又問。

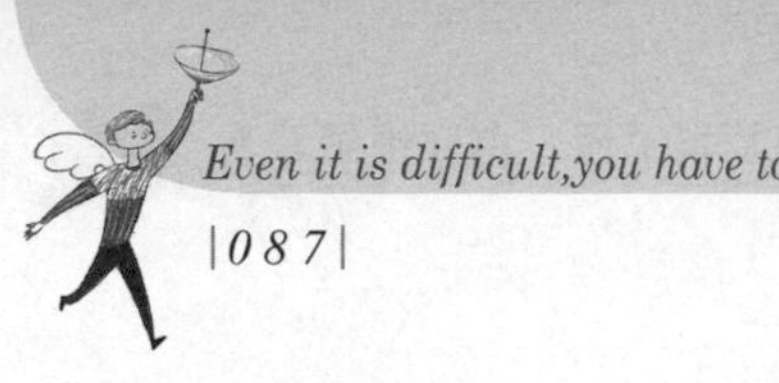

學生好不容易在地圖上將希臘找出來，但和亞細亞相比，的確是小多了。

「雅典在哪兒？」蘇格拉底又問。

「雅典，這就更小了，好像是在這兒。」學生指著地圖上的一個小點說。

最後，蘇格拉底眼神堅定地看著他說：「現在，請你再指給我看，你家那塊一望無際的肥沃土地在哪裡？」

學生當然找不到，他家那塊一望無際的肥沃土地在地圖上連個影子也沒有。

這時，他似乎有些覺悟，回答道：「對不起，我找不到了！」

就算很困難，也要挑戰看看

許多人不斷追求外在的身分、地位、權勢、錢財等來突顯自己的顯貴，就爲了讓眾人的目光停留在身上，享受那份炫耀帶來的驕傲。

撇掉這一切，內在還剩下多少呢？

翻開地圖，人類是多麼的渺小，更不用說地球只是宇宙中的一顆小行星。

若從地圖來看自己，人的一生實在沒有什麼值得一提的，那些華麗的外在，總有消失的一天。

看過一個頗有社會地位的人，說了這樣一段故事：

有一天，我在擁擠的車潮中駕著車以龜速前進。那時候我心裡非常著急，因為我正要趕去簽一份價值五百萬美元的重要合約。正在等紅燈時，一個衣服襤褸的小男孩，敲著車窗問我要不要買花。

我拿出兩美元，那時綠燈正好亮起，後方的車子開始猛按喇叭催促著，一急之下，我口氣不佳對著正問我要什麼花的男孩說：「什麼顏色都可以，你只要快一點就好。」

那男孩十分禮貌地說：「謝謝你，先生。」

開了一小段路後，我開始感到良心不安，自己粗暴無禮的態度，卻得到對方如此有禮的回應。於是我把車停在路邊，回頭找到那孩子，對他表示歉意，並且再給了他兩美元，要他自己買一束花送給喜歡的人，那個孩子笑了笑，並道謝接受了。當我回去發動車子時，車子竟然故障了，一動也動不了，我只好步行找拖吊車幫忙。

正在思索時，一輛拖吊車已經迎面駛來，我愣在當場。司機看著我吃驚的臉，笑著對我說：「有一個小孩給了我四美元，要我開過來幫你，並且還寫了一張紙條要給你。」

我打開一看，上面寫著：「這代表一束花。」

「這就是我一生中最感到驕傲的時候。」那個有一定社會地位的人這樣說道：「因爲我能夠得到別人的相信、肯定和敬愛。」

擁有社會地位，的確能獲得他人尊敬的眼光，可是一旦卸下這個光環，還有什麼呢？即使不在乎別人的看法，又會希望眞正的自己是怎樣的一個人？

只有身爲一個「有心人」，不論在得意還是失意的時候，都能保持同樣的態度，獲得別人的尊重和敬愛，才是最有價值，最值得驕傲的事！

PART 3

在不認同當中尋找成功

如果想要活得安樂，可以不必在意別人的眼光，但是如果想要成功，想要讓自己變得更好，就一定要在意別人對你的看法。

在不認同當中尋找成功

如果想要活得安樂，可以不必在意別人的眼光，但是如果想要成功，想要讓自己變得更好，就一定要在意別人對你的看法。

一代圍棋大師吳清源幼時酷愛下棋，可是由於他家境貧寒，舅舅希望他能另外學一個可以謀生的一技之長。

吳清源不願意，舅舅於是生氣地說：「下棋能當飯吃嗎？」

當時，吳清源賭氣地回答：「能！」

爲了證明自己，他從十多歲就在大戶人家陪公子下棋，月領薪俸八塊大洋，足以養家活口。東渡日本後，他擊敗所有高手，揚名於世。

如果你總是非常在意別人對你的評價，如果你曾經讓別人的想法影響你的自信，那麼，更應該看看下面這些人的故事，讓他們告訴你，該怎麼從別人的眼光中活出自己。

電影舞星弗萊德．艾斯泰爾一九三三年到電影公司試鏡之後，導演寫在紙上的評語是：「毫無演技，前額微禿，略懂跳舞。」

艾斯泰爾成名之後，把這張紙裱起來，掛在比佛利山莊的豪宅中。

彼得．丹尼爾小學四年級時，常被班主任菲利浦太太罵道：「彼得，你功課不好，腦袋又笨，將來別想有什麼出息。」

受到菲利浦太太的影響，彼得一直到二十六歲時，仍不認識字。

一次，有位朋友唸了一篇《思考才能致富》的文章給他聽，彼得深受感動，從此以後就變了一個人。

二十年後，他出錢買下了當年經常打架鬧事的街道，並且出了一本書，書名叫做《菲利浦太太，妳錯了》。

達爾文當年決定放棄行醫時，他的父親對他說：「你放著正經事不幹，整天只知道打獵、捉老鼠，將來能有什麼出息？」

所有的老師和長輩，都認爲他資質平庸，和「聰明」這兩個字根本沾不上邊，但是達爾文卻發表了《進化論》，改變了整個科學史。

羅丹的父親曾抱怨自己的兒子是白癡。他考了三次藝術學院都還考不進去，叔叔下了個結論說：「孺子不可教也。」但是他卻成了一代畫家。

愛因斯坦四歲才會說話，七歲才會認字，老師給他的評語是：「反應遲鈍，思考不合理，滿腦子不切實際的幻想。」

他曾被迫退學，申請進入瑞士聯邦技術學院時也被拒絕。但他死後，很多科學家都在研究他的大腦與常人的不同之處。

邱吉爾小學六年級時曾經留級，他的前半生經歷也處處碰壁，直到六十二歲，才當上英國首相。

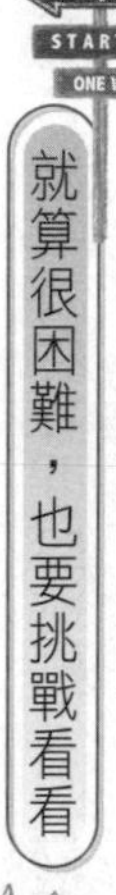

當別人都認為你是豬頭時，你會立志要做些什麼證明自己不是豬頭，還是會選擇不做些什麼，好證明你真的和別人說的一樣？

當別人都小看你的時候，他們未必錯看了你。

別人之所以認為你是白癡，是因為你真的表現得像個白癡；別人之所以不認為你將來會有出息，是因為你真的一點兒也不長進。

然而，對於這些輕視的眼光、嘲諷的言語，你是要照單全收，還是要越挫越勇，超越自己？換個角度來想，如果愛因斯坦從小就被認為是個天才，很可能不會有後來的成就；如果吳清源不是受到舅舅的刺激，很可能不會把下棋當成自己的維生技能。

如果想要活得安樂，可以不必在意別人的眼光，但是如果想要成功，想要讓自己變得更好，就一定要在意別人對你的看法。

無論別人對你的評價是好是壞，可以不認同，但是不可以不在意。好的評價，能夠推動你繼續往前進；壞的評價，則會激勵你推翻原本的壞世界。

從錯誤中發現新的道路

只有願意認錯，才能從錯誤中找到轉圜的空間，更進一步發現新的契機，也才是安身立命的長久之道。

這天，商場中發生了一件奇妙的事。

一位年輕女顧客來到商場閒逛，突然間，她的眼中發出興奮的光芒，原本沒有打算要買東西的她，立刻招來店員，指定要買一架德國製造的正宗名牌貨——史坦威三角鋼琴。

店員看了看這台鋼琴的標價，睜大了眼睛，猶疑著該不該賣。

這名女顧客毫不相讓，堅持一定要買。

店員只好請經理來處理這件事，經理了解事情的原委和眞相之後，再三向女客人道歉，堅持這台鋼琴不能賣。

然而，這樣還不足以使對方打退堂鼓。最後，經理只好找來商場老闆親自上陣，由老闆決定這台鋼琴究竟能不能賣。

老闆了解事情的經過以後，只猶豫了兩、三秒鐘，便很有魄力地說道：「賣！而且按標價賣！送貨上門，免費調音，直到客戶滿意爲止！」

原來，那台價値數千美元的鋼琴，標價卻少標一個零！這顯然是製作標示牌的工作人員粗心大意所致。

雖然售出那台鋼琴讓店家損失不少錢，但是消息傳出之後，商店裡其他貨物立刻被搶購一空。因爲大家都知道，想要撿便宜，就一定要來這間商場。

商場老闆秉持「將錯就錯」的精神，既然標價已經錯了，如果極力去更正眼前的錯誤，不但會失去眼前的客戶，還會使店家名譽掃地。

若是可以從錯誤當中發現商機，把那台鋼琴賠掉的錢當作用來宣傳的廣告費用，不是挺划算的嗎？

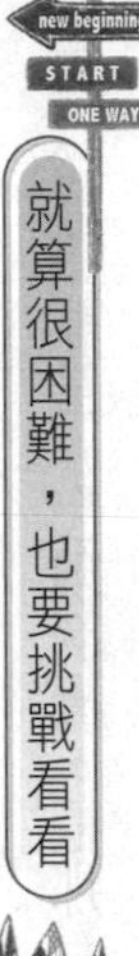

就算很困難，也要挑戰看看

很多時候，我們也會遇到類似的狀況。當錯誤已經造成時，承認錯誤，或許會造成我們的損失，但是不承認錯誤，卻會爲我們帶來更壞的名聲，那麼，何不坦然地接受錯誤造成的結果呢？

如果錯誤帶來的後果還在我們可以負擔的範圍內，那就勇敢地接受它吧！否則，一味地逃避、否認，很可能爲我們帶來更難收拾的壞結果。

假使最後的結果都不會是好的，你是要選擇你能承受的？還是要選擇你不知道能不能承受的？

認賠、認輸，一向是令人難受的事情。然而，認錯、認輸，頂多只會讓自己難過，永不服輸、死不認錯卻往往會令別人討厭。

只有願意認錯，才能從錯誤中找到轉圜的空間，更進一步發現新的契機，也才是安身立命的長久之道。

只會批評，無法得到好評

負面的態度，只會為自己招來負面的評價。若是你可以用美善的眼睛看待世界，身邊的人會更由衷地接受你的人和你的話。

日本有位佐藤先生，是一家大公司的總經理。出於創業時代養成的節儉習慣，佐藤即使在功成名就之後，還開著那輛陪他一起奮鬥多年的老爺車，說什麼也捨不得換新車。

許多汽車銷售員都爭相來向佐藤先生推銷新車，但是長久以來，從來沒有一個業務員能夠成功地讓佐藤先生換掉他那台又破又舊的老爺車。

這些業務員總是對佐藤先生說：「您這輛車子太舊了，跟您現在的身分不

符……」或是「您這輛老舊的車，三天兩頭就要進廠修理，您想想，修理費用加起來可是一筆不小的數目啊……」

這類的話，讓佐藤先生聽了心裡總是感到不甚愉快。這輛老爺車和他之間存在著多年的革命情感，他不喜歡聽到人家批評他的寶貝。

就在大家都在背地裡嘲諷佐藤先生食古不化、不知變通時，佐藤先生居然悄悄地換車了！

究竟是什麼人有三寸不爛之舌，能夠說服固執的佐藤先生買新車呢？

原來，賣車給佐藤先生的業務員是一位樂觀開朗的社會新鮮人，看到佐藤先生的老爺車，並沒有多加批評，反而說：「您的車子保養得真好，看起來還可以再用幾年，現在換了新車還真有點可惜。不過，這種年份的車子雖然可以開，但是不能開得太快，而您居然能夠把它開到時速四十以上，想必您開車的技術一定很好！」

佐藤先生聽了，覺得這名業務員說得真是中肯，立刻採納業務員的建議，換了一部外觀與舊車十分類似的新車。

這位業務員成功的秘訣，在於能在無法讚美的事情發現值得讚美的地方。

有些人以爲，批評對手就可以彰顯自己的實力，其實，那只會顯示出你的心胸狹窄，見不得人好，更會造成他人對你產生負面的印象，沒有辦法敞開心胸接納你的意見。因此，當你希望別人接受你的意見時，一定要記得遵守「不批評、不抱怨、不責備」的原則。

人在批評的同時，總是會展現出尖酸刻薄、趾高氣昂的態度，這樣就算說得再怎麼有道理，別人也會一見你就討厭。負面的態度，只會爲自己招來負面的評價。

相反的，若是你可以用美善的眼睛看待這個美善的世界，對每件事都有著眞誠的讚賞與感謝，相信身邊的人也會感染到這份喜悅與活力，更喜歡親近你，也會更由衷地接受你的人和你的話。

用智慧戰勝恐懼

當你感到恐懼的時候，應該做的，是好好去認識你的恐懼，而不是被你的恐懼牽著鼻子走。

小美念大學時，有一次在夜市買了一種長方形，單面有圖案的純棉包包，質地非常好，價格便宜得驚人，小美一次便買了五個。

當她興奮地把「戰利品」拿回宿舍向同學展示時，所有同學都十分羨慕她的好眼光和好運氣。沒想到，一位眼尖的同學在仔細看了看那些包包之後，卻驚呼說：「上頭怎麼有個『死』字！」

這位同學沒有說錯，包包的圖案四周環繞著一圈外文，裡頭的單字小美一

個也不認識，就連字典上也沒有，唯獨中間一個「die」字，大家都非常清楚那是什麼意思！再細看布袋上頭的圖案，還真有一點怪，幾個幾何圖形拼湊在一起，彷彿是一種邪教的圖騰。

「難怪這麼便宜，一定有問題！」

「我看上頭那一串字母，應該是某種咒語……」

同學們一搭一唱，越說越恐怖。

從那時起，每當小美看見那些包包，心裡總是覺得毛毛的。一次，她想要把舊衣服寄回家，用那些包包來裝衣服，應該是最適合不過的了。但是一看到上頭那刺眼的「die」，小美還是覺得有些不安，很擔心自己會把厄運帶給家人。於是，她突發奇想，用彩色筆在「die」字後面加上一個「t」，變成「節食、減肥」的意思。多了這個小小的舉動，小美心上的那顆石頭總算暫時得以安心落地。

直至一年多之後，小美認識了一位來自歐洲，精通八種外語的朋友，才知道，那句奇怪的外文其實是德語。

「die」是德語中一個再普通不過的冠詞，用法和英語的「the」差不多。

至於那句「咒語」一點也不可怕，全句的意思是——「保護世界環境」。

就算很困難，也要挑戰看看

俗話說：「勇者無懼。」然而，勇者的無懼可能來自於「有勇無謀」，意即「不知道要怕」。反倒是有智慧的人，因爲看透了世情，了解了眞相，洞悉一切人事，所以才能眞正無畏無懼。

「恐懼」最可怕之處，就是恐懼本身。當你覺得某件事情很可怕時，你的心裡其實已經對它產生了既定的印象，因爲可怕，所以不敢深入了解它；因爲不了解它，所以更加覺得它可怕。

要記住，唯有智者，才能無懼。當你感到恐懼的時候，很可能是因爲你沒有充足的智慧去面對那些令你恐懼的事物。這時候，你應該做的，是好好去認識你的恐懼，而不是被你的恐懼牽著鼻子走。

用有限的能力創造無限的可能

「創造可能」並非只是空談，運用自己的直覺、判斷、分析及統合等能力製造可能，如此才能讓可能成真。

有一個很愛攀岩的女孩，喜歡挑戰自己的極限，無畏大自然的無法預測。某一個冬天的下午，她獨自攀上一個高達三十米的懸崖。當她踏上頂端，解下繫在腰間的繩子，打算先收起來等一下要下去時再用，結果一個不留神，繩子卻順著山崖滑了下去。

眨眼之間，繩子已經掉到地面上了。女孩急得滿頭大汗，因為沒有多餘的裝備可以使用，也沒有求生的工具。

「難道我只能死在這裡嗎？」女孩正這麼想時，突然看到懸崖下有一個牧童，趕緊脫下身上的紅色外套用力揮動，大聲呼救著。

隔了一段時間，牧童發現紅色的影子，跑了過來。他看到地上的繩子，又向上看了看，然後無奈地搖了搖頭。

懸崖太高，根本沒辦法把繩子扔上去！但是，眼看天色快要暗了，再不想辦法，女孩會凍死在懸崖上的。

此時，牧童也急得手足無措。

突然女孩靈機一動，她對牧童喊道：「別著急，我有辦法！」並揮揮手要牧童在下面等她。

只見女孩剪下一縷頭髮，一根一根地繫在一起，結成一根幾十米長的細繩，再從懸崖上垂下去。

牧童看見了，把地上的那根繩子拆成一縷一縷的細繩，繫在頭髮上。輕輕一用力，女孩就把這根細繩拉上了山崖。

之後，牧童才把較粗的繩子繫在細繩的一端。就這樣，女孩終於把那根粗

繩拉了上來。她把這根粗繩綁在山崖上固定好，順著它，從懸崖上滑了下來，終於成功脫離險境。

就算很困難，也要挑戰看看

或許你會覺得這個故事很誇張，纖細的頭髮竟然可以綁成幾十米長的細繩，還能把繩子從懸崖下吊上來。

事實上，這個故事說明了，我們所擁有的的確有限，但是利用有限的條件可以創造出來的奇蹟卻是無限的。

過去有一部熱門的影集〈馬蓋仙〉，令人印象深刻。每當馬蓋仙遇到緊急情況時，總能利用手邊有限的材料製造出他所需要的東西。這些材料可能是地上的泥土、棒球上綁著的線、嘴巴吃到一半的口香糖……機智和創造力讓他度過一次又一次的危機。

馬蓋仙之所以能讓許多人爲之瘋狂，直到現在還讓人念念不忘，就是因爲

他從有限的條件中創造出無限的可能。

「創造可能」並非只是空談，在這個過程裡，我們必須保持冷靜，運用自己的直覺、判斷、分析及統合等能力製造可能，如此才能讓可能成眞。

活在這個不景氣的年代，「成功」一詞或許對你來說還太遙遠，但是「創造可能」卻是你立即能做到的。想想看要怎麼做，才能讓自己處於可能成功的環境，怎麼做，才能多一點機會邁向成功。

當這些可能都具備，機會來臨時你就能緊緊抓住它。

多聽意見，才不會受到侷限

一個人無論再怎麼聰明，再怎麼有理，智慧總是有限，不懂得傾聽別人的話，永遠只會侷限在自己的小框框裡。

有一次，約翰在一家百貨公司買了一套西裝。結果，他才穿上這套西裝沒多久，就發現這件西裝外套會褪色，把他襯衫的領子都染黑了。

約翰回到百貨公司，找到當初賣給他衣服的店員，想要告訴他發生了什麼事。只是，約翰才說沒幾句話，店員立刻打斷他，一再強調他們已經賣出數千套這種服裝，沒有一個人有發生過像約翰那樣的問題。

另外一名店員也加入戰局，理直氣壯地反駁說：「黑色的衣服哪有不褪色

的？這種價格的衣服就是這種品質，如果想要買不褪色的，就花更多的錢去買更高級的品牌啊！」

約翰原本只想了解衣服的狀況，但是看見店員這種毫無歉意的態度之後，頓時氣得火冒三丈。

正當他準備要開口罵人時，值班經理走過來了。

他先靜靜地聽約翰講述了事情的經過。等到約翰講完了，一旁的店員們又開始反駁約翰的話時，值班經理選擇站在約翰的立場，和店員們辯論。

他說，約翰的襯衫領子明顯就是被衣服染黑的，並且還說，不管產品的價格如何，不能令客戶滿意的東西就不應該在店裡出售。

值班經理向約翰承認，他並不知道這個品牌的衣服爲什麼會褪色，這是他們從來沒有發生過的事情。他希望約翰再試穿這套西裝一個禮拜，到時如果還有問題，他們會毫無條件退換，並且賠償約翰的損失。

就在幾分鐘之前，約翰還氣呼呼地非要店家承認錯誤，回收那套討人厭的西裝不可。但是看在值班經理充滿誠意的態度上，約翰決定聽從他的建議，再

給這套衣服一個機會。

一個禮拜之後，約翰發現，這套衣服沒有毛病，他襯衫領子上的黑漬，其實是染髮劑流下來的黑水。約翰向那位值班經理寫了一封感謝加道歉信函，從此成爲這家百貨公司的忠實主顧。

就算很困難，也要挑戰看看

日本經營之神松下幸之助，從一個腳踏車學徒，到後來成爲八十萬人的企業主。在一次國際性的訪問當中，哈佛大學的教授問他：「能不能用一句話來概括您的經營訣竅？」

他回答：「首先要細心傾聽他人的意見。」

人之所以有一張嘴，兩隻耳朵，是因爲我們聽的應該要比說的多一倍。

一個人無論再怎麼聰明，再怎麼有理，智慧總是有限，視野難免會有死角。

這個時候，如果有人能夠提供我們不同的思考模式，如果有人願意給我們建議，

絕對是一種福氣。

很多人之所以不肯耐心地去聆聽別人的意見，是因爲他們認爲「別人說的，我都已經知道了」，或是「不管別人說什麼，相信自己最重要」，甚至是因爲「別人說的都是屁話，自己講的才是眞理」。

然而，不懂得傾聽別人的話，永遠只會侷限在自己的小框框裡，永遠得不到別人眞心的對待，永遠不知道該如何面對危機。

不管別人說的話是對是錯，不管別人說的話有沒有道理，你應該先聽完，再下斷語。否則，又憑什麼要別人把你的話聽完，接受你寶貴的意見呢？

用體貼的心意解決問題

最高明的待客之道，是「以人為本」。一般人只想到要怎麼解決問題，成功者想到的卻是如何去搞定人。

詹姆士．愛伯森是紐約格林威治儲蓄銀行的職員。一天，有個年輕人在銀行開了個帳戶，愛伯森請他填寫一份開戶的例行表格。

這份表格需要的內容相當詳細，那名年輕人感到自己的隱私權受到了侵犯，因此拒絕填寫表格上某些資料。

面對這樣的情況，一般職員都會直接坦白地告訴客戶，如果拒絕填寫表格中的任何一項，按照銀行規定，是無法讓他在這裡開戶的。

然而，愛伯森十分清楚，如果這樣做，很可能會失去這名客戶。因此，他決定避開銀行的規定不談，試著從對方的觀點來看事情。

愛伯森問這名年輕人：「萬一你去世的時候，銀行是否有責任把這些錢轉到你的繼承親友那裡呢？」

年輕人想了一下，點點頭做了肯定的回答。

愛伯森繼續說：「那麼如果銀行知道了你最親近的親屬名字，是不是可以方便聯絡呢？萬一你眞的有三長兩短，銀行就能在最短的時間內正確地找到你的親友了，對嗎？」

對方再度點了點頭。

這時候，不需要愛伯森再三解釋，年輕人也已經明白，表格中比較私密的資料，並不是爲銀行而留，而是爲了他自己的利益而寫。

最後，這名年輕人不僅塡完了整份表格，開立了帳戶，還在愛伯森的建議下，另外開了一個帳戶，指定他的母親爲法定受益人。當然，他很配合地塡寫了關於他母親一切的詳細資料，不再對銀行的政策存有任何疑慮。

愛伯森用一顆體貼溫暖的心，順利化解了客戶的不安，也因此得到了對方的信任，把危機變成契機。

他所做的，並不是直接針對客戶的問題，給予官方的回答，而是更進一步去了解客戶爲什麼會有這樣的問題，站在對方的立場爲他著想。

在「以客爲尊」服務業裡，客戶就像是一台發球機一樣，隨時隨地都會丟出一顆球，看看服務人員有沒有辦法接。大多數人都只忙著接球，一心想要把球接得漂亮，但是愛伯森在接球之餘，還深入研究發球機的運作原理，直接把整台發球機的開關關上。你說他高不高明？

最高明的待客之道，不僅是「以客爲尊」，更是「以人爲本」。

一般人只想到要怎麼解決問題，成功者想到的卻是如何去搞定人。

別讓學歷成為成就自我的危機

學歷只是你背上的行囊，能夠在需要的時候推動你一把。但若將它視為最重要的武器，就會成為你成就自我的障礙。

赫蒙曾被譽爲世界最偉大的礦冶工程師。他畢業於耶魯大學，又在德國福萊堡拿到碩士學位，之後回美國應徵一份工作，遇到的是一位沒有文憑，也不相信文憑的大礦主赫斯特。

這位大礦主一開口就對赫蒙說：「我不想錄用你，因爲你是碩士，據我所知，你們這些讀書人腦袋裡只裝滿一大堆沒用的理論。我可不需要只會文謅謅空談的工程師！」

赫蒙聽了，沒有立即反駁大礦主的偏見。相反的，他微微一笑，對大礦主說：「如果你答應不告訴我父親的話，我有個秘密想告訴你。」

接著，赫蒙正經八百地說：「我在德國，其實什麼也沒學到，我只是在那裡鬼混了三年。」

這番話逗得大礦主赫斯特哈哈大笑，當下決定錄用這名既幽默機智，又知道謙虛爲懷的年輕人。

就算很困難，也要挑戰看看

積極樂觀的態度是擺脫不景氣的重要基礎，何妨帶著微笑，思考如何發揮本身的能力，充滿信心地克服眼前的困局。

有的時候，你所擁有的東西不但不能成爲你的階梯，反而像是一座高牆，讓你跨越不過去，也放不下身段。

那麼，擁有這些東西又有什麼用呢？

學歷絕對不會沒有用處，但前提是，你必須知道它什麼時候有用，什麼時候沒有用。學歷只是你背上的行囊，能夠在需要的時候推動你一把。但若是把學歷當成盾牌，永遠把它擺在第一位，永遠將它視爲最重要的武器，就會成爲你成就自我最大的障礙。

詩人惠特曼在《草葉集》裡寫道：「不論你望得多遠，仍然有無盡的空間在外面；無論你數得多久，仍然有無限的時間數不完。」

知道自己不足，才會勤加學習；謙虛爲懷，才能掌握更多未來。

一個最了不起的人，一定從來都不覺得自己了不起。

因爲，當你緊握著自己所擁有的驕傲時，只會有一種身分、一種價值；但是，當你願意鬆開自己的雙手時，擁有的是無數的機會，以及無限的智慧。

看得更遠，才能走在最前端

一個成功的經營者，就連消費者沒見過的，也要搶先一步替消費者準備好。只要永遠走在客戶的前頭，就會是贏家！

繁華的商業圈中有一家新開的超級市場，當初籌建這個超級市場時，許多股東都不同意，因爲附近早已有十幾家頗具規模的超市了，新的超級市場怎麼跟那些已有固定消費群的老超市競爭呢？

但是，年輕的董事長卻有十足的把握，對股東們說：「我會在兩年之內，把這一區三分之二的消費者拉進我們的超市來！」

新建超市時，董事長堅持要在超市內規劃一個豪華、氣派的免費公廁。

股東們對此更有意見了。

商業區的每一坪土地都是用無數的金錢堆積出來的，拿這些地方擺放貨物都嫌不夠了，怎麼可能還要浪費地方蓋廁所？

況且，超級市場的利潤已經很微薄了，豪華廁所應該是百貨公司裡頭的設備，來光顧超級市場都是一些歐巴桑，有個小廁所供顧客使用已經很好了，幹嘛還要浪費空間搞氣派呢？

但是，在董事長堅持下，豪華的免費廁所還是在超市的角落建成了。

出乎股東們預料的是，超級市場才剛開幕，生意就好得不得了。

新超市論規模，沒有比附近其他的超市大；論產品，也沒有比其他的超市豐富。但是，客戶就是願意轉變從前的消費習慣，改來這間新開的超市，因爲他們都口耳相傳，這間超市裡頭有一間非常豪華的廁所，設備可一點兒都不輸給五星級飯店啊！

就這樣，婆婆媽媽們有的單純只是來開開眼界，有些爲的是購物之餘，可以很安心地解決生理問題；有的歐巴桑放著家裡的簡陋廁所不上，就是要來超市來享受豪華廁所的舒適；有的人本來沒有上超市的習慣，爲了解決內急不得不走進這間超市。

一間沒有生產效益的公廁，卻帶來了最好的廣告宣傳效果。董事長發現了這一點，也就比其他人更成功一點。

就算很困難，也要挑戰看看

無論面對不景氣或遭遇各種難題，都要記住英國作家毛姆的這番話：「一經打擊，就喪志失意，甚至放棄努力的人，永遠是個失敗者。」

董事長成功的地方，就在於他比客戶還要了解客戶本身。

就客戶的消費習慣來看，超市裡頭有沒有廁所根本無關緊要。

大部分人逛超市只不過是爲了採買民生用品，而不是逛街、休閒，對於廁所的需求也相對較低。

但是董事長卻反其道而行，了解消費者永不滿足的貪心，知道消費者永遠

都要求「好，還要再更好」。

雖然超市裡沒有廁所也沒有什麼關係，但是如果超市裡有一個華麗舒適的廁所，更能贏得消費者的歡心。

別家超市都只是努力滿足消費者的胃口，但是這間超市卻養大消費者的胃口，繼而創造消費者的需求。如此一來，別人當然搶不走他們的客戶！

一個成功的經營者，不僅要知道消費者想要的是什麼，就連消費者沒見過的、不敢要的、還沒有想到的，也要搶先一步替消費者準備好。

不要怕一時的阻撓和危機，只要永遠走在客戶的前頭，就會是贏家！

PART 4

冷靜面對危機，事情才有轉機

當事情的發展不如預期時，與其抱怨自己運氣這麼壞，不如期盼事情會好轉。以冷靜的心情面對危機，事情必定會有轉機。

堅持自己的路，會一天天進步

你會一天比一天更進步。別人越是笑你，越是要堅持走自己的路。

只要肯堅持走到最後，到時笑的人就會是你。

阿基瓦是個貧苦的牧羊人，一直到四十歲，才開始有受教育的機會，但是後來他卻成了最偉大的猶太學者之一。

四十歲之前，阿基瓦從來沒有想過要去念書。他生來就是一個牧羊人，父親也是一個牧羊人，他把牧羊視爲一生的使命，只要肯努力認眞工作，可以靠著牧羊賺取足夠的生活所需。

一直到他與妻子結婚以後，情況才有所改變。新婚妻子的娘家非常富有，

妻子希望自己的丈夫能夠在娘家人面前抬得起頭來，便建議丈夫到耶路撒冷學習《律法書》。

剛聽到妻子的這項建議，阿基瓦的第一個反應是：「我都四十歲了才去念書，能念出什麼有用的東西來？更何況，班上的同學一定都會嘲笑我的，因爲我根本什麼也不懂。」

妻子聽了，沒有多說些什麼，只是從後院牽來一頭背部受傷的驢子，用灰土和草藥敷在驢子的傷背上，然後叫阿基瓦跟她一同牽驢子上街。

敷著草藥的驢子模樣看起來十分可笑，他們才剛剛來到市場，人們就指著驢子大笑。第二天，同樣的情形再度發生。

但是到了第三天，就沒有人再指著驢子笑了。

阿基瓦的妻子說：「去學習《律法書》吧，今天人們會笑你，明天他們就不會再笑你了，到了後天，他們就會說：『他就是那樣，沒什麼可笑的。』」

阿基瓦聽從妻子的話，不去理會別人的眼光。很快地，他學出了興趣來，並且讓所有曾經嘲笑過他的人不得不對他刮目相看。

害怕被人嘲笑，經常是我們不敢踏出第一步的理由。

沒錯，這個世界總是欺善怕惡，大多數的人都會狗眼看人低，我們的確很可能被人嘲笑。因此，與其欺騙自己「別人不會笑我」，不如坦然接受別人的眼光。別人會嘲笑你，會說些惡毒的話來中傷你，會想盡辦法讓你覺得自己很差勁，會百般地羞辱你，可是，那又怎麼樣呢？

那並不能眞正阻礙你去做自己想要做的事情，不是嗎？只要你是眞的想要踏出那一步，就讓別人笑吧，又不會少塊肉！就讓別人侮辱你吧，反正你會一天比一天更進步。

不要讓別人的惡意成爲你的絆腳石，不要因爲你的怯懦而讓那些嘲笑你的人稱心如意。別人越是笑你，越是要堅持走自己的路，只要肯堅持走到最後，到時笑的人就會是你。

與其多問理由，不如直接動手

很多人在遇到問題時，總是會先提出更多的問題。如果做得到，又何必問「為什麼」；如果做不到，又何來「為什麼」。

一家公司應徵部門經理，由董事長親自面試。

只是，一連來了好幾個應徵者，沒有一個符合董事長的標準。

這天，一個剛從美國留學回來的博士前來應徵，董事長竟然臨時要對方半夜三點去他家面試。

這位青年並沒有拒絕董事長無理的要求。半夜三點鐘，他準時出現在董事長家門口，卻遲遲未見有人來應門。

年輕人在門口一直等到早上八點鐘，董事長才睡眼矇矓地起床替他開門，把對方請到書房。

接著，董事長問他：「你會寫字嗎？」

年輕人回答：「會。」

董事長遞給年輕人一張白紙，說道：「請你寫一個太陽的『太』字。」

年輕人飛快地在紙上寫下答案，但是等到他完成好一會兒了，董事長都還沒有出下一題。

年輕人疑惑地問：「就這樣嗎？」

董事長說：「對！就這樣。考完了！」

年輕人覺得很奇怪，但是沒有多說什麼，只是很有禮貌地向董事長告辭。

第二天，年輕人接到通知，說他通過了考試，可以正式上班了。

在董事會上，董事長告訴全體同仁，這個新來的經理，是通過種種嚴格的考驗，千挑萬選來選出來的。

董事長說：「這個年輕人這麼年輕就擁有如此突出的學歷，他的專業素養一定沒有問題，所以，我首先考他的犧牲精神，要他犧牲睡眠，半夜三點鐘來面試。接著，我故意讓他在我家門口等五個小時，為的是要考驗他的脾氣和耐心。這還沒完，我用小學生的考題去考一個博士，是想要看看他是不是一個謙虛的人。結果，他各方面都達到了我的要求，我敢肯定，他絕對會是個才德兼備的好主管。」

就算很困難，也要挑戰看看

活在這個不景氣的年代，每個持續遞寄履歷求職的人，最渴望的，無疑就是能獲得面試機會。

但換做是你，被面試官提出這麼多無理的要求，還會乖乖配合嗎？

這個年輕人最難能可貴的地方，就是在於他懂得放下自我。

對於上司提出的各項要求，他不會追問：「為什麼？」也不會去想：「一定要這麼做嗎？」

他考慮的只是：「我究竟做不做得到？」如果做得到，又何必問「爲什麼」；如果做不到，又何來「爲什麼」。

很多人在遇到問題時，總是會先提出更多的問題，但是這個年輕人卻只反問自己，用最簡單的角度去看事情，所以他看到的不是題目本身，而是直接看見了問題的答案。

古希臘時代的思想家歐里庇得斯曾經說過：「一個人要是好高騖遠，就會連眼前的小事也做不好。」

想要成功，並沒有什麼特別的秘訣，關鍵只在於適時放下自己的身段，對目前的工作全力以赴。

對於種種要求不問理由，先想想自己是否能做到，才能通過層層考驗；面對危機時，也才能發揮自己的力量，想辦法將危機變爲轉機。

堅持下去就能看到轉機

成功永遠只屬於兩種人：有能力的人，以及嘗試最多次的人。只要永不放棄，堅持下去，終有一天會看到轉機。

日本有一匹名叫「春麗」的賽馬，自一九九八年參賽以來，已經參加過九十八場比賽，只是，從來沒有贏過。

一名記者針對這個賽馬史上空前的「敗績」做了一篇報導，結果春麗一下子聲名大噪，成了一頭受人憐愛的名駒。

不但有得獎的小說家以春麗的故事爲題材，寫了兩本小說，NHK還打算替春麗拍攝紀錄片。

爲什麼一匹老是跑輸的馬可以受到人們這麼熱烈的支持？很多人明明知道春麗輸的機會比贏的機會大很多，他們還是願意在春麗身上下注。

就某一方面來說，春麗這種「屢戰屢敗，又屢敗屢戰」的精神，令那些「同是天涯淪落人」受到很大的鼓舞。

有一位七十多歲的老婦人特地寫信安慰春麗說：「失敗沒有關係，我這一生也從來沒有贏過任何一場比賽。」

凡是印著春麗圖樣的商品都被搶購一空，牠成了提升賽馬場營收的台柱。連工作人員都嘖嘖稱奇地說：「眞想不到我們會靠一匹老是跑輸的馬賺錢！」

每一場比賽，只要有春麗出場，馬場就會座無虛席，每個人都希望自己可以親眼看見春麗打破零勝的紀錄。

就算很困難，也要挑戰看看

我們不能否認，春麗在馬場上的失敗造就了商場上的成功。牠之所以能夠擁有今天的高人氣，顯然正是因爲牠從來沒有勝利過。

從春麗的身上，我們可以看到：無論輸了多少次，只要還沒有放棄，別人就不會認爲你是個「失敗者」。

如果不能做得「贏得漂亮」，那麼就努力做到「輸得可愛」。

一連串的勝利可以令你贏得別人的尊崇，但是一連串的失敗卻可以讓別人看見你堅強的韌性。

成功永遠只屬於兩種人：有能力的人，以及嘗試最多次的人。

你是哪一種人？

如果你沒有辦法成爲前者，是否願意效法後者？

只要永不放棄，堅持下去，終有一天會看到轉機。

只要繼續努力，下次就會勝利

世上沒有失敗，只有暫時停止成功。只要努力過，就不算失敗，下一次，又是一個全新的開始。

美國有一位大學籃球教練帶領的球隊程度非常差，更因為連輸了十場比賽，球隊被學校廢除。但是這位籃球教練，卻為隊員們帶來很大的影響，讓他們在往後的人生路上受益無窮。

一個球隊隊員多年後，回憶到最後一場球賽的情況。

當時，上半場才結束，球隊就落後了三十多分，大家都認為要起死回生的機會幾乎是微乎其微。中場休息時，每個球員都垂頭喪氣，教練問他們：「你

們要放棄比賽嗎？」

雖然每個球員都說「不要」，可是臉上的表情都一副大局已定，打算投降的樣子。將一切看在眼裡的教練，又繼續問大家：「各位，假如今天是籃球之神麥可．喬丹在比賽上半場就落後三十分的情況下，喬丹會放棄嗎？」

球員道：「他不會放棄！」

教練又問：「假如今天是拳王阿里被打得鼻青臉腫，但鐘聲還沒有響起，比賽還沒有結束，他會不會選擇放棄？」

球員答道：「不會！」

接著，教練問了他們第三個問題：「那麼，米勒會不會放棄？」

這個問題沒有人回答，大家都疑惑地看來看去，有人舉手發問：「米勒是什麼人物，怎麼連聽都沒聽過？」

教練微笑道：「這個問題問得非常好，因爲米勒在比賽的時候選擇了放棄，所以你們從來就沒有聽說過他的名字！」

就算很困難，也要挑戰看看

「世上沒有失敗，只有暫時停止成功。」是籃球教練眞正想勉勵球員的。這並非說「失敗」不存在，而是我們如何看待這件事。人生就像一個輪子，會轉到高處，也會轉到低處。

爲什麼高潮時我們會開懷大笑，低潮時我們卻咒罵、抱怨呢？只因爲我們無法接受現狀，在抗拒不了的情況下，選擇消極逃避。

我們聽過「慶功宴」，卻沒聽過「慶敗宴」，只有檢討會。其實，輸了、失敗了，才更要慶祝。

失敗的時候，要慶祝自己曾經參與、努力過，慶祝自己還有相當實力能讓對手頭痛，更慶祝這次失敗將是成功的開始。

也許有人會不以爲然地說，就算米勒沒放棄，也不一定會像麥可·喬丹一樣成功。是的，在籃球史上，米勒或許無法留名，可是在米勒自己的人生中，這一段將是輝煌的紀錄。

紀錄片〈奇蹟的夏天〉充分表現出這種「暫時停止成功」的眞意。這部片記錄一群花蓮原住民孩子，國中三年來在足球隊的成長。在國三最後一場比賽裡，因爲失誤讓對方得分的孩子當場懊惱得抱頭哭泣。只見教練毫不留情地大吼：「球賽輸了嗎？快站起來！哭什麼哭？」

最後，他們還是在PK賽中輸了。頒獎之時，他們沒有微笑，甚至把掛在脖子上第二名的勳章取下，這時，教練卻一反三年來嚴厲的語氣，溫和地鼓勵他們，說他們表現得很好。

這個讓孩子又愛又恨的教練，想要傳達給孩子的只是一種單純的理念：「只要努力過，就不算失敗，下一次，又是一個全新的開始。」

放下標誌，讓人對你重新認識

不要告訴別人你是誰，不要告訴別人你有多好，讓別人來為你下定義，反而能夠得到一個全新的自己。

美國一名業務員科維，專門負責向家具店推銷工廠生產的家具。

為了節省出差的交通費，科維想出了一個別出心裁的推銷方法，他把產品錄製成影片，收錄眞人解說與花俏的表演，製作成光碟寄給有需要的客戶。

在錄製影片的過程中，科維可以把自己最專業的那一面表現出來。凡是看過這部影片的人，都會對科維留下深刻的好印象。

然而，若是客戶收到光碟以後沒有看，卻是一點辦法也沒有。

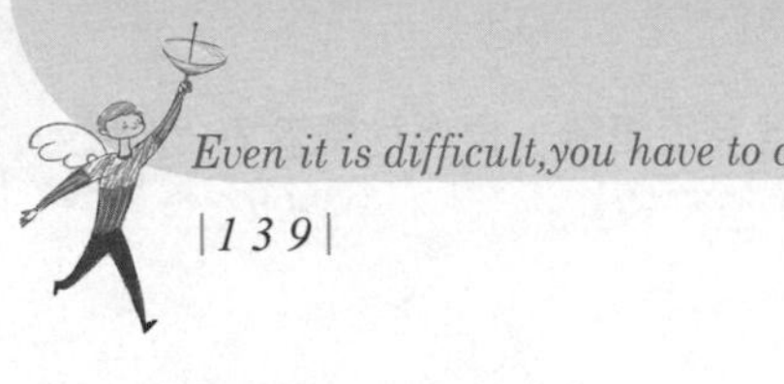

科維經常碰到這樣的情況，因此光碟片上不貼上任何標籤，試圖引起人們一探究竟的好奇心。

只是客戶知道科維的地址與公司名稱，因此，收到光碟時，即使上面什麼也沒有標注，客戶也大概能猜出這是誰寄來的。他們知道那張光碟是一種廣告，所以總是把它擱在一旁，放著放著，就忘了。

一天，科維接到一個陌生人的電話，對方問他是否還在那間家具工廠上班。科維給予肯定的答覆，對方立刻接口說：「我對你們的產品很有興趣，想要跟你談談我們的合作方式。」

科維感到非常驚訝，後來才知道，兩年前，他曾經寄過一張光碟給這個陌生人的父親，但是他的父親根本不懂得要怎麼看光碟。

現在，父親已經退休了，兒子剛剛接手管理公司，當他整理父親留下來的東西時，突然發現了這張什麼也沒有標注的光碟片。

出於好奇，他把這張光碟放進了電腦裡，然後便決定要和科維做生意。

一張沒貼上任何標籤的光碟片，讓科維只要輕輕鬆鬆地坐在辦公室裡，就談成了一筆大生意。

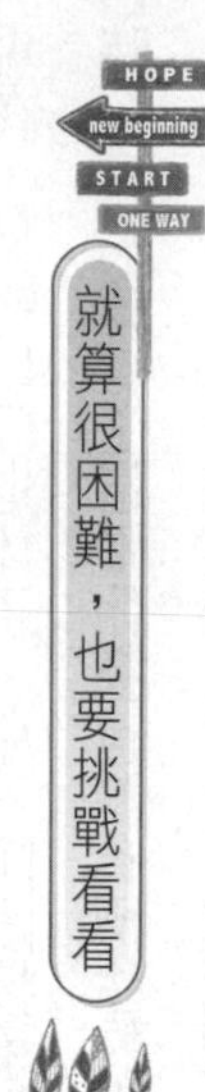

這是一個景氣持續下滑、充滿詭譎變數，但是同時又充滿機會的時代，許多人因為經濟環境不斷惡化而過得更差，但是，也有不少人把生活壓力變成前進的動力，在不景氣中開創了屬於自己的新天地。

對於自己已經知道「是什麼」的東西，人們通常沒有興趣再去深入了解。但是，對於不知道是什麼的東西，通常都會保持一定程度的好奇心。

貼上標籤的東西，令人一目了然；沒有標籤的東西，反而令人更想認識。

當你想要讓人認識你的產品時，可以好好地運用人們這樣的心理。當你想要讓人認識你的時候，更應該主動放下身上的標籤。

不要告訴別人你是誰，不要告訴別人你有多好，讓別人來為你下定義，反而能夠得到一個全新的自己。

用真心使心機不露痕跡

對每件事都表現出同樣的熱情，不會讓人覺得急功好利。真的對這個人充滿興趣，不會讓人覺得只是在利用自己。

喬．吉拉德是世界上賣出過最多汽車的業務員。

喬銷售時有一個秘訣。對那些外表看起來有些靦腆的看車人，他會主動對他們說：「我有一項特殊的本領，可以一眼就看出一個人從事的職業。」

這時候，看車人往往都會感到很有興趣，有些人會因此和喬攀談起來，有些人則仍然不會開口說話，但無論是哪種情形，喬都會接著說：「我敢打賭，您一定是位醫生。」

醫生向來是社會地位比較高的職業，就算說錯了，看車人也不會生氣，反而會覺得自己備受尊崇。

當看車的人笑著否認自己是醫生之後，喬會順勢問對方說：「那麼，您在哪裡高就呢？」

「你不會相信的，我只是個肉品公司的小職員，我的工作是負責殺豬。」看車人在說這話的時候，表情通常都會有一絲羞赧。

但是，喬總是可以很快就化解他們的尷尬。

不管對方的工作多麼微不足道，喬都會熱情地說：「哇，太棒了！我常常在想，我們吃的豬肉都是怎麼來的！你的工作一定非常有趣，有機會的話，我可以去參觀一下你們的工廠嗎？」

喬的表情既真摯又懇切，沒有一絲敷衍。他是真的對各行各業都感興趣，對生活充滿了熱忱。

就這樣，他們開始熱烈地討論起雙方的工作內容，二十分鐘以後，看車人受到愉快的氣氛感染，順利地買下了車子。

喬對對方工作的興趣不只是說說而已，之後，喬果眞如他所說的，挑了一個淡季的時間，參觀客戶工作的地方。

在那裡，喬遇到了那位客戶的同事，當人們問起他是誰的時候，那位客戶總是熱情地向同事介紹說：「這是喬，就是賣給我車子的人。」

喬於是又認識了許多可能買車的人。

當下一次喬遇見肉品相關行業的看車人時，就會說：「我有一個朋友在一間肉品公司，我去參觀過他們的工廠……」這麼一來，他們立刻可以找到共同的話題，彼此一見如故。

就算很困難，也要挑戰看看

愛因斯坦曾經說：「一個人只有以他全部的力量和精力致力於某一事業時，才能成為一個真正的大師。」

越是不景氣，越要勉勵自己多費點「心機」，唯有如此，才可能逆勢創造

奇蹟，成爲人人欽羨的大師。

喬．吉拉德的成功之處，不僅在於他會「耍心機」，更重要的是，他把心機包裝得不露痕跡。

人人都看得出來，喬推銷汽車時表現出來的熱情，都是爲了要和客戶拉近關係，但是和一般業務員不一樣的是，喬不只是做做表面功夫而已，而是眞心想要和客戶成爲朋友。

他對每件事都表現出同樣的熱情，所以不會讓人覺得他急功好利。他是眞的對人充滿興趣，所以不會讓人覺得他只是在利用自己。

喬的親切熱忱，或許只是一種銷售的手段，但是他營造出來的那股溫暖氣氛，卻是不容懷疑的。

如果你也想要像喬一樣成功，如果你想把每個危機都變成轉機，不妨也學他那樣——發自內心地耍心機！

冷靜面對危機，事情才有轉機

當事情的發展不如預期時，與其抱怨自己運氣這麼壞，不如期盼事情會好轉。以冷靜的心情面對危機，事情必定會有轉機。

艾森豪年輕的時候，有一次吃完晚飯後，跟家人一起玩紙牌遊戲。連續好幾次，他都拿了很壞的牌，輸得一塌糊塗。艾森豪非常不高興，嘴裡開始喃喃地抱怨起來。

這時，母親嚴厲地對他說：「如果你要玩，就必須用你手中的牌玩下去，不管那些牌怎麼樣。」

艾森豪聽了，微微一楞。

接著，母親又說：「人生也是這樣，發牌的是老天爺，不管祂發給你怎麼樣的牌，都必須收下，你能做的，就是盡全力求得最好的結果。」

母親的這番話，艾森豪一直牢牢地記在心中。從那時候開始，他養成了不抱怨的習慣。無論面對怎麼樣的艱難挑戰，他都以積極樂觀的態度面對，盡力把每一件事做到最好。

這樣的心態使得他從一個沒沒無聞的平凡少年，一步一步升爲上校、盟軍統帥，最後當上了美國第三十四任總統。

就算很困難，也要挑戰看看

人們遇到挫折時，經常都會問：「爲什麼偏偏是我？」「爲什麼我這麼倒楣！」「爲什麼又是這樣！」

這些問題，沒有人可以給你正確的答覆，但是，一直抱持這樣的想法，卻有可能會加強你的衰運。

只要曾經抱怨過的人都知道，抱怨對事情本身一點幫助也沒有，甚至連用來抒發情緒都不行。

心煩意亂的時候，往往會讓人忍不住想要抱怨。但是抱怨了之後，卻只會更心煩、更慌亂。

應該要戒掉「抱怨」這個壞習慣。當事情的發展不如預期時，與其抱怨自己運氣這麼壞，不如期盼事情會好轉。你的抱怨，沒有辦法改變事情，但是你的盼望，卻可以有效地改變心情。

然後，便要以冷靜的心情面對危機，取代不斷地抱怨問題，再好好處理手中的牌，事情必定會有轉機。

今天沒有進步，就是退步

一旦我們沒有繼續往上爬，就會被地心引力往下拉。只要我們今天沒有比昨天進步，就是不知不覺地在退步。

一天，兒子問父親：「爸爸，什麼是『地心引力』啊？」

父親回答：「『地心引力』是科學家牛頓發現的一種大自然定律。就是說，地球有一種力量，可以將地球上的所有東西都吸往地心的方向。如果你向天空丟出一顆蘋果，或是一塊石頭、一顆籃球，地心引力就會把物體吸回來，讓東西落回地面。」

「喔。」兒子點點頭，表示他聽懂了。可是沒過多久，又發現了疑問，繼

續問父親：「你剛才說地心引力會把地球上的所有東西往地心的方向吸，可是院子裡的花草樹木並不往地面的方向生長，反而是往天空向上延伸，難道地心引力對它們沒有作用嗎？」

父親聽了，微笑地說：「這是因爲世界上除了地心引力之外，還有一種更偉大的力量，那就是生命的力量。當花草樹木失去生命以後，就會受到地心引力的影響，掉落在地上。但是當它們活著的時候，無時無刻不是在掙脫地心引力的束縛，拼命地往上長，它們所展現的，正是豐沛的生命力啊！」

只有失去生命的人，才會任由自己往下墜落。只要活著，就必須努力對抗地心引力，拼命向高處爬。

做人可以不成功，但是不可以不上進。

因爲，一旦我們沒有繼續往上爬，就會被地心引力往下拉。只要我們今天

沒有比昨天進步，就是不知不覺地在退步。

地心引力很可怕，時間更可怕。

至於什麼是上進心？那就是無論眼前的景氣如何，都要把握時間，主動去做好應該做的事情。

俄國大作家高爾基曾在作品中寫下一段勉勵世人的話語：「人的天賦就像火花，可以熄滅，也可以燃燒起來。逼它燃燒成熊熊大火的方法只有一個，那就是把握有限的時間，努力再努力。」

如果你帶著微笑，把該做的事情做完，會感受到最多的快樂。相反的，如果你總是過一天算一天，任由地心引力拖著你慢慢走，不用多久的時間就會發現，你該下垂的都已經下垂，該失去的也都已經失去。

肯定自己，從心開始

想找回自信和自我，便不能因為一時的挫折感而放棄一切，唯有靠自己主動解決問題，才能得到屬於自己成功。

戴爾到鄉下爲村民服務時，決心改善他們的生活方式。他的目標是讓每個人相信自己有自給自足的能力，並激勵他們實現自己的想法。

當地政府幫他召集二十五個靠社會福利金生活的窮人，戴爾和他們一一握手後，問他們的第一個問題是：「你們有什麼夢想？」

每個人都用怪異的眼神看著戴爾，好像他是外星人一樣。

「夢想？我們從來不做夢，做夢又不能讓我們發財。」其中一個紅鼻子寡婦如此回答道。

戴爾耐心地解釋道：「有夢想不是在做夢。你們肯定希望得到些什麼，希望什麼事情能突然實現，這就是夢想。」

紅鼻子寡婦說：「我不知道你說的夢想是什麼東西。我現在最想做的，就是趕走那些野獸，牠們總想闖進我家咬我的孩子。」

大家聽了都笑了起來。戴爾說：「喔，妳想過什麼辦法沒有？」

她回答說：「我想裝一扇牢固、可以防禦野獸闖入的新門，這樣我就可以安心出去工作了。」

戴爾問：「有誰會做防獸門嗎？」

人群中一個稍微禿頭的瘸腿男人說：「很多年以前我自己做過門，現在恐怕都不會了，不過我可以試試。」

接著，戴爾繼續問大家還有什麼夢想。

一位單親媽媽說：「我想去大學裡修課，可是沒有人照顧我的六個孩子。」

戴爾問：「有誰能照顧六個孩子？」

一位獨居老太太說：「我以前幫別人帶過不少孩子，我想，我也許能帶好那些可愛的小傢伙。」

戴爾給那個瘸腿男人一些錢去買材料和工具，然後就讓這些人解散了。

一星期之後，戴爾重新召集那些窮人，問那個紅鼻子寡婦：「妳家的防獸門裝好了嗎？」紅鼻子寡婦高興地回答說：「我再也不用擔心我的孩子了，我有時間去實現我的夢想了。」

接著，戴爾問瘸腿男人感想如何。他對戴爾說：「很多年前，我幫家裡做過防獸門，當時做得不太好，後來我就再也沒有做過了。這次，我想著一定要做好，結果真的做好了，許多人都說我很了不起，能做那麼結實漂亮的門。」

單親媽媽重新走入校園、獨居老太太生活多了重心、瘸腿男人開始靠自己的能力謀生、紅鼻子寡婦有收入來改善生活……幫助別人不一定要給予金錢和物質上的幫助，從根本做起才是眞正解決問題的辦法。戴爾給予他們的，並不是金錢上的幫助、生活上的調配，而是心靈上的肯定。他讓這群覺得生活沒有夢想、希望，認爲自己沒用的人有機會重塑自我，建立新的生命。

長期靠救助金生活的他們，早已忘記自己是「有能力」的人，更在社會價值的眼光下，一點一滴磨失了自己的信心，更不用說對人生、對未來，還懷抱著夢想，還渴望著成功。

況且人都有惰性，長期接受救濟之下，沒了自信不說，甚至連惰性都會出現，讓人不想向上，過一天算一天。先前甚至會經有過接受社會幫助的民衆，嫌救濟金不夠多，還要社工局安排家教來輔導孩子的功課。這位誇張的父親，竟沒想過要怎麼去改善生活，只想靠救濟過日子。

當你覺得自己正陷入一種無力改善的困境時，必須深深思索你確定眞的沒辦法解決，還是覺得忍受現狀會比試圖改變它簡單呢？或者，你寧可接受大家的憐憫及關心呢？想找回自信和自我，便不能因爲一時的挫折感而放棄一切，唯有從心開始，靠自己主動解決問題，才能得到屬於自己成功。

PART 5

失意，是人生的必備經歷

失意，是人生的家常便飯。只要挺過了這一次，還會有下一次機會；只要堅持不倒下，就能成功寫下一篇精采的人生傳奇。

勇於挑戰，才能超越萬難

當你覺得很困難、很無力的時候，千萬不要放棄，因為只要跨越這一關，就會發現自己又更上一層樓了。

有個學生向一個知名的鋼琴家拜師學藝。

第一堂課，老師交給他一份樂譜，要他彈奏。

「天哪！超難的……」學生喃喃抱怨著。這份樂譜遠超過他的程度，眞不知道老師爲什麼要這樣整他！

當然，在課堂上，他把這份樂譜彈得零零落落、錯誤百出，老師於是要他把樂譜帶回家練習。

學生回到家裡，認眞地練了一整個星期。

下一次上課的時候，他準備要彈給老師驗收。沒想到老師像忘了上個禮拜的事情一樣，又丟給他一份更高難度的樂譜，要他彈奏。

同樣的，他在課堂上依然沒有辦法把這份樂譜流暢地彈完。

第三個禮拜，同樣的情形又出現了。

這名學生不斷面臨新的挑戰，不斷感受到加倍的挫折。老師是個非常嚴厲的人，他不敢多說什麼，只能把所有的委屈、氣餒……全都往肚子裡吞。

三個月之後，學生終於忍不住了，問老師究竟爲什麼要這麼折磨他呢？

老師沒有開口，只是拿出第一堂課的樂譜，放到學生面前，要他彈奏。

不可思議的事情發生了！學生的手才碰觸到琴鍵，一連串優美的旋律就從他的手指當中流洩出來。

他從來不知道自己居然可以將這麼高難度的樂曲演奏得這麼精湛、這麼美妙、這麼駕輕就熟。

他繼續嘗試第二堂課的那份樂譜，同樣也表現出卓越的水準。

老師這才緩緩地對他說：「如果我一直任由你練習最早的那份樂譜，讓你一直停留在自己擅長的範圍內，又怎麼會進步得如此迅速呢？」

就算很困難，也要挑戰看看

我們擅長的領域，能夠給我們安全感和成就感，卻不會讓我們進步。想要進步，就必須不斷地向更上一層去挑戰，想突破現狀，就必須嘗試冒險。

我們每個人都是自己的老師，可以不斷地給自己出題目，不斷地給自己設目標。目標不用大，但是標準一定要高。

當我們想要把事情做到一百分的時候，很可能只做到八、九十分，但若我們把標準定在一百二十分，不知不覺就可以達到一百分。

的確，標準高等同於壓力大，可是沒有適當的壓力，又怎麼能跳得更高？

當你覺得很困難、很無力的時候，千萬不要放棄，因為只要跨越這一關，就會發現自己又更上一層樓了。

失意，是人生的必備經歷

失意，是人生的家常便飯。只要挺過了這一次，還會有下一次機會；只要堅持不倒下，就能成功寫下一篇精采的人生傳奇。

英國勞埃德保險公司曾經從拍賣市場買下一艘船。

這艘船在一八九四年開始它的航行生涯，期間，在大西洋上曾經撞過一百三十八次冰山，觸礁過一百一十六次，發生過十三次火災，桅桿被風暴扭斷過兩百零七次，但總是能度過沉沒的危機。

基於這艘船的神奇經歷，勞埃德保險公司決定把它買下來，捐給國家的博物館，讓人知道它的事蹟。

起先，很少人聽說過這艘船的故事，但是一名來此地觀光的律師在博物館裡看見這艘船之後，感到非常震撼，決定把這艘船的照片和故事寫下來，掛在他律師事務所的辦公室裡。

因爲這艘船讓他知道：在大海中航行的船，沒有不帶傷的。

當時，這名律師剛打輸了一場官司，情緒非常低落。更令他難過的是，他的委託人因爲輸了官司，所以走上了自殺這一條路。律師感到非常內疚，不知道該怎麼安慰這些失意的人。

但是，看到這艘船之後，他突然覺得豁然開朗。

他希望他的朋友、他的客戶、他所關心的每一個人，在聽說這艘船的經歷之後，也能夠和他一樣感到如釋重負。

就算很困難，也要挑戰看看

作家赫爾岑曾經寫道：「一個人不僅要在歡樂時微笑，也必須學會在困難

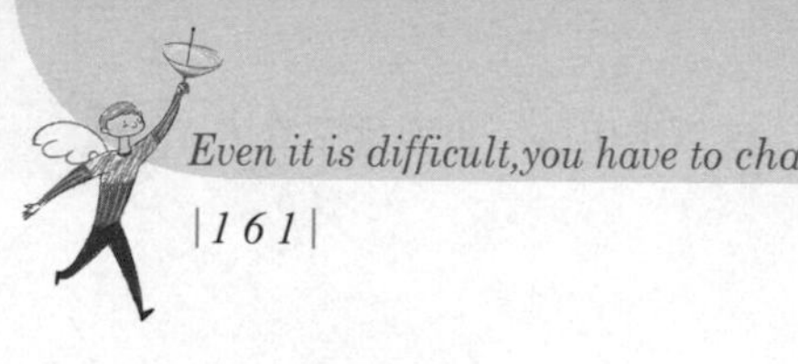

中露出笑容。」

因為，路再長也有終點，夜再黑也有盡頭，日子再怎麼困苦，也會有苦盡甘來的一天，與其愁眉苦臉面對生活之中的種種苦痛，還不如帶著微笑，笑嘻嘻渡過。

在大海中航行的船，沒有不帶傷的，同樣的，在現實社會行走的人，也沒有不曾遇到挫折的。

失意、失敗，是人生的家常便飯。

無論眼前多麼不景氣，只要你挺過了這一次，還會有下一次機會；只要你堅持不倒下，就能成功寫下一篇精采的人生傳奇。

這艘船偉大的地方，正是在於它經歷了這麼多危險，卻從來沒有沉沒過。

人也是一樣，一帆風順、漂漂亮亮的人生履歷，其實一點價值也沒有。反倒是那些受過挫折、走過傷痛，卻始終屹立不搖的人生經歷，才有資格被擺在博物館裡頭珍藏。

面對挫折，才能有所得

接受人生總有坐困愁城的時候，挫折，只是讓自己邁向成功的試煉場，唯有面對問題、找出解決的方式，才能重新走出去。

一個失意的年輕人千里迢迢來到普濟寺，拜訪老僧釋圓，沮喪地對他說：「人生那麼多不如意，活著也是苟且，有什麼意思呢？」

釋圓靜靜傾聽年輕人的嘆息和埋怨，許久才吩咐小和尚說：「施主遠道而來，燒一壺溫水送過來。」

不一會兒，小和尚送來了一壺溫水，釋圓抓了一把茶葉放進杯子，用溫水沏了，放在茶几上，微笑著請年輕人喝茶。

杯子冒出微微的水汽，茶葉靜靜浮著。年輕人雖然不解，還是喝了一口，不由得搖搖頭說：「一點茶香都沒有呢！」

釋圓說：「這可是閩地名茶鐵觀音啊！」

年輕人又端起杯子品嚐，然後肯定地說：「眞的沒有一絲茶香。」

釋圓又吩咐小和尚：「再去燒一壺滾水送過來。」

又過了一會兒，小和尚便提著一壺冒著水煙的滾水進來。釋圓又取來一個杯子，放茶葉、倒沸水，放在茶几上。

年輕人俯首看去，茶葉在杯子裡上下沉浮，絲絲清香不絕如縷，望而生津，便欲端杯，卻被釋圓作勢擋開。

只見釋圓又提起水壺注入一線沸水。茶葉翻騰得更厲害了，一縷更醇厚、更醉人的茶香裊裊升騰，在禪房瀰漫開來，就這樣反覆注入五次水，杯子終於滿了。年輕人端著清香撲鼻的茶，滿足地品嚐。

釋圓笑著問：「施主可知道，同樣是鐵觀音，爲什麼茶味迥異嗎？」

年輕人思忖著說：「一杯用溫水，一杯用滾水，沖沏的水不同。」

釋圓點頭道：「用水不同，茶葉的沉浮自然不同。溫水沏茶，茶葉輕浮水上，怎會散發清香？滾水沏茶，反覆幾次，茶葉沉沉浮浮，釋放出四季的風韻，既有春的幽靜、夏的熾熱，又有秋的豐盈和冬的清冽。世間芸芸眾生，也和沏茶同一道理，當沏茶的水溫度不夠，想要沏出好茶是不可能的。」

HOPE
new beginning
START
ONE WAY

就算很困難，也要挑戰看看

只要你懂得用積極樂觀的態度過日子，那麼，無論再怎麼壞的日子，也會被你過成「好日子」；要是你只懂得整天哀聲嘆氣，那麼再如何好的日子，也會被你過成「壞日子」。

人生就像一壺茶，要散發出清香，就得歷經滾水的浸泡。低潮跟失落，就像溫水泡茶，無法將茶葉充分發揮。

當我們處於溫水泡茶的階段時，別急著怪東怪西、否定自己。此時不妨靜下心來，面對這波情緒的衝擊，接受人生總有坐困愁城的時候。

挫折，只是讓自己邁向成功的試煉場，唯有面對問題、找出解決的方式，才能重新走出去。

別排斥溫水泡茶，喝著這杯茶，或許你會覺得澀口，但唇齒之間留下的觸感，卻是將來成功的基礎。

美國股票大亨，賀西哈先生曾經這麼說過：「別問我能贏多少，而是問我能輸得起多少。」

當我們覺得不如意時，別急著舉旗投降，只有輸得起的人，才能不怕失敗。溫水泡茶是滾水泡茶的先知，它提醒著我們未到時候，再多一點努力、多一些等待，才能得到充分的茶香。溫水泡茶更是滾水泡茶的良師，它讓我們知道，茶會冷、會澀，唯有把握最佳溫度，才能品嚐最好的茶香。

如果你正喝著一杯滾水泡的茶，那麼請細細品嚐，並持續加熱你的水，一次又一次引出茶香來；如果你端著的是一杯溫水泡的茶，也請讓它從你的唇齒間慢慢滑過，它將告訴你苦難只是累積成功的墊腳石。

經歷過挫折，成就才能獲得

不曾發生過危機，便不要妄想事情會出現轉機；沒有經歷過挫折，又怎麼能培養出永不放棄的精神呢？

一座公園裡有個沙坑，小朋友很喜歡在那裡玩。

有一天，一名外籍人士帶著孩子在沙坑裡玩，沙坑中有一些小鏟子、空瓶子和漏斗等等小玩具，小朋友可以利用這些工具把沙裝進瓶子裡。

外國小孩是第一次玩這個遊戲，不太知道正確的玩法。只見他把沙子用小鏟子鏟起來，裝進漏斗中。漏斗底下有洞，所以沙子會漏，小孩子於是把自己的手指塞到漏斗底部，去堵住那個洞。等到漏斗裝滿了

以後，他才把它移到移到瓶子旁，把手指放開，讓沙漏進瓶子裡。

雖然小孩子放開手的速度很快，但是沙子漏出來的速度更快。

每當他才剛把手指拿開，把漏斗的漏口對準瓶口，沙子就已經漏得差不多了。但是，小孩子不以爲意，一次一次地和沙子比速度。

漸漸的，他發現，只要漏斗越靠近瓶口，倒進瓶子裡的沙就會越多。

突然間，孩子開竅了，他把漏斗口直接對準瓶口，再把沙子往裡頭倒，瓶子很快就裝滿了。

這時，孩子露出勝利的笑容，一旁的媽媽也拍拍手，表示鼓勵。

但是台灣的父母很少有人可以一路保持沉默。他們總在孩子第一次拿起漏斗和瓶子，不知所措的時候，就很「雞婆」地說：「來，媽媽教你，把漏斗的洞對準瓶口，再從這裡把沙子倒進去。」

瓶子一下子就裝滿了，小孩子也一下子就對這個遊戲失去了興趣。

很少小朋友可以像那個外國小孩一樣，一玩就是玩這麼久，而且玩得興致盎然，成就感十足。大多數的台灣小孩都只玩了幾次，就嚷著要媽媽抱。

就算很困難，也要挑戰看看

台灣的父母總是捨不得孩子走冤枉路，巴不得能夠替孩子多做一點，讓孩子的人生順遂一點。

然而，沒有走過冤枉路，也就沒有迷途之後找到正確方向的喜悅；不曾發生過危機，便不要妄想事情會出現轉機；沒有經歷過挫折，又怎麼能培養出永不放棄的精神呢？

讓孩子去嘗試，讓孩子去受傷，讓孩子自己去付出代價，才可以痛定思痛，學會尋找答案的正確方法。

與其保護孩子，不如教會他保護自己。

不要用你的方式去告訴他應該要怎麼做，他有權去創造自己的方式，而且他的方式也不見得比你的方式差！

爲他好，就要讓他即使沒有你，也能過得很好。

讓人快樂，便不會落寞

只要你願意付出，願意和別人分享，便不會再感到寂寞。因為你把你的快樂送出去了，同時，也把你的不快樂掃出家門了。

許多年以前，美國的一個小鎮報紙上，經常刊出這樣的廣告：

「如果你知道誰生病，而你又想送一點花到他病床前，請告訴我。只要距離本鎮五英里範圍內，我都可以免費送達。不要客氣，我非常樂意提供這樣的服務。以下是我的電話……」

刊登這個廣告的是一名老先生，已經七十九歲了。

原本，他和他太太一同培植了一座好大好大的花園，裡頭的每一朵花，都

是夫妻倆的心血結晶。

十年前，太太去世了，只留下老先生一個人獨力維護這座花園。

老先生喜歡一個人獨自在花園裡頭工作，因爲勞動的時光可以讓他忘卻喪妻之痛。然而，當他的耕耘有了豐碩的收穫，面對滿園盛開的花，他總是感到無比的孤獨和落寞。再也沒有人可以和他分享這份花開的喜悅，再也沒有人可以跟他一起讚嘆這片美麗的場景。

老先生想起過去太太臥病在床時，總是期盼能見到一點鮮花。於是，他決定在報紙上登出這樣的廣告，把他美麗的花園和在病榻上的病人一同分享。

廣告登出以後，老先生的生活過得既充實又愉悅。最高紀錄，他曾在一星期之內送出四十束花。現在，他一點都不覺得寂寞了。因爲他美麗的花有人可以分享，花朵帶給他的喜悅，也有人可以感受得到。

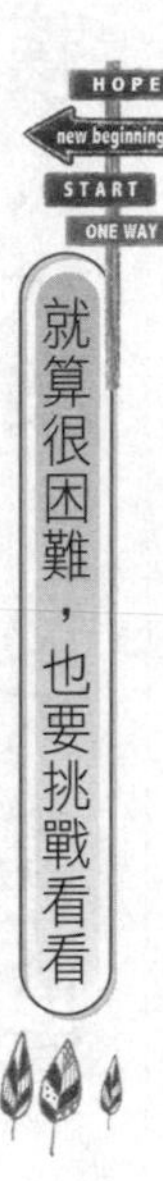

很少人能夠因自己而快樂，我們總是因爲別人而快樂。

如果你的世界裡只有你一個人，你注定是要孤單、寂寞、徬徨、無助的，又何來的快樂呢？但是，如果我們可以把自己的世界往外擴展，關心的不只是自己，同時也關心別人，不光只是希望自己快樂，也努力去讓別人快樂，或許眞的能夠比較快樂一點！

很多人因爲別人而快樂，是因爲他們希望由別人帶給自己快樂。只是，沒有人有義務要在你面前當小丑，哄你笑、滿足你的需求、帶給你快樂，除非你先帶給他們快樂。

只要你願意付出，願意和別人分享，便不會再感到孤單、感到寂寞。因爲你把你的快樂送出去了，同時，也把你的不快樂掃出家門了。

多留空間，以免產生成見

只要我們願意在自己的心裡留一些空間，多給對方一些時間，就能更了解彼此，不讓誤會與成見阻礙我們的關係。

美國一個知名的電視節目曾經播出過這樣的片段。

主持人訪問一名小朋友：「你長大以後要做什麼啊？」

小朋友說：「我長大以後要開飛機。」

「如果你開飛機的時候，飛機飛到太平洋上，所有的引擎卻突然都熄火了，你會怎麼辦？」

小朋友仔細地想了想，說：「我會要坐在飛機上的人先綁好安全帶，然後

我自己跳傘出去……」

現場的觀眾聽了，無不捧腹大笑。這麼滑頭的話語出自一個小朋友的嘴裡，聽起來格外有趣。

正當主持人想要稱讚這個孩子小小年紀就能夠有這份心機時，突然注意到，這個孩子的臉上並沒有任何一絲沾沾自喜的神色。

相反的，他反而面色凝重，若有所思。

主持人於是繼續問他：「爲什麼要這麼做呢？」

只見那名小孩非常堅定地說：「我要跳傘到地面上去拿燃料，然後，我一定要再回來！一定要再回來！」

就算很困難，也要挑戰看看

如果我們只聽了前半段，是不是會認爲這個小朋友是個不顧他人死活、賣弄聰明的小滑頭？

如果主持人沒有繼續問下去，我們是不是永遠都不會知道這個小朋友原來擁有一份這麼天真善良的心？

奧修的《老子道德經》裡頭有說：「每當我對你說話，我知道有百分之九十九的機會會被誤解，只有百分之一的機會能更被了解。」

很多時候，我們也犯了同樣的錯誤。聽話只聽到一半，就驟下結論，誤會了他人的意思，還不給對方澄清的機會。

其實，只要我們願意在自己的心裡留一些空間，多給對方一些時間，就能更了解彼此，不讓誤會與成見阻礙我們的關係。

不是每個人都有好口才，可以正確無誤地表達出自己內心真正的意思。但是，每個人都有聆聽的能力，又有什麼理由不把對方的話聽完呢？

平心靜氣能扭轉頹勢

生氣對人一點好處也沒有。若能平心靜氣，或許還能發現事情另外一面的好處，不也是一種轉機嗎？

有個中年人和大多數的中年人一樣，總是以工作爲重心，沒有時間陪伴家人。一直到唯一的兒子上了高中，他才猛然驚覺，這小子不知道從什麼時候開始居然長得這麼大了？他怎麼一點兒也沒發現呢？

爲了修補父子之間的疏離，中年人下定決心，要盡量撥出時間陪伴兒子。

這個週六下午，他推掉了所有的約會，排除萬難擠出時間，只爲了要陪兒子去看最愛的球隊比賽。

他們懷著既興奮又期待的心情出門，很不幸地，居然碰上了大塞車！眼看球賽的時間已經開始，他們的車子還塞在半路上動彈不得。

父子倆又著急又生氣，不停地咒罵前面那台開得很慢的車子、政府不當的道路規劃，就連交通部長的媽媽也一併罵了進去！

忽然間，老爸想起來：「我今天特地排出時間來，不就是爲了要和兒子在一起嗎？現在，我不是正和兒子在一起嗎？那麼，看不看球賽又有什麼關係呢？」他越想，越覺得沒有什麼好生氣的。

那個下午，他們父子倆擠在車子裡，愉快地聊了一個下午。

雖然錯失了陪兒子看球賽的機會，但是他卻很高興有兒子陪他一起塞車！

就算很困難，也要挑戰看看

如果我們生氣的時候，都能夠從情緒中抽離出來，想想自己最初的目的，就會發現，其實也可以不用生氣！

很多時候，我們生氣，是因爲沒有辦法改變事情的現況，只好生氣。

然而，生氣並不會讓事情變好，只會讓事情變得更糟。

不管多麼生氣，都沒有辦法改變「塞車」這個事實，越是生氣，這件事情對你的傷害就會越大。

但是，如果你能收起情緒，即使依然塞車，但是你的心情已經不會受它影響。管它塞車塞到天荒地老，你的心情都還是一樣怡然自得！

生氣對人一點好處也沒有。無論那件事多麼令你生氣，都要記住，你不是爲了生氣而去做那件事的！

若能平心靜氣，或許還能發現事情另外一面的好處，不也是一種轉機嗎？

能放下身分才能自在生存

只有學會彎腰和側身的人，才能夠放下尊貴和體面自由出入。否則，我們無法融入自己的生活中。

孟買佛學院是印度最著名的佛學院之一。這所佛學院之所以著名，除了建院歷史久遠、擁有輝煌的建築物和培養出許多著名的學者以外，還有一個特點是其他佛學院沒有的。

這是一個極其微小的細節，但是，所有到過這裡的人都對外表示，正是這個細節讓他們受益無窮。

這個小細節是這樣的，孟買佛學院在它的正門旁邊又開了一個小門，這個

小門只有一米五高，四十釐米寬，一個成年人想要通過，就必須彎腰側身，不然就會碰壁。所有剛進入了佛學院的人都十分納悶，那麼大的佛學院，有著壯觀巍峨的大門可以堂皇地出入，還開這個小門做什麼？

其實，這正是孟買佛學院爲學生上的第一堂課。所有新來的人，教師都會引導他們來到這個小門旁，讓他們進出一次。很顯然地，所有的人都是彎腰側身進出的，儘管暫時有失禮儀和風度，但是卻達到了目的。

教師說：「大門當然出入方便，而且能夠讓一個人很體面、很有風度地出入。但有很多時候，我們要出入的地方並不是都有著壯觀大門的，或者有大門也不是隨便可以出入的。這時，只有學會彎腰和側身的人，只有能暫時放下尊貴和體面的人，才能夠出入。否則，只能被擋在院牆之外了。」

就算很困難，也要挑戰看看

大陸一名自稱「小龍少爺」的年輕人，在網路上極度炫耀自己的財富，甚至用百元大鈔來點煙，並且直接表明，自己最看不起的就是窮人，窮人的世界最噁心。他也諷刺白領階級一個月不過賺個四、五千元人民幣就自詡爲貴族，令人好笑。姑且不論二十三歲的他是否如自己所言，能力眞的那麼好，一個月能賺三十萬元人民幣，他的「暴發戶」行爲只會顯現出自己的無知和幼稚。

有很多人會羨慕含著金湯匙出生的人。的確，這種幸運兒比別人多了一點優勢，不怕一次失敗就全盤皆輸，有足夠的財力當後盾。

或許他們是集寵愛於一身的小王子、小公主，但那又如何呢？每個人都有自己的生活要過，又何必羨慕別人、感嘆自己？

有錢沒錢、有權沒權，我們都擁有相同的條件，那就是生命的靈魂。眞正擁有靈魂，學會生活，才是財富。生命的靈魂存在於各式各樣的肉身中，無論藐如螞蟻，還是貴爲國王，都必須生活。

想要活下去，就必須學會適應這個身體、這個環境。就如同孟買佛學院的教師所言，只有學會彎腰和側身的人，才能夠放下尊貴和體面自由出入。否則，我們便無法融入自己的生活中。

不過度期待，才能面對失敗

在期待的過程中，加入一點平常心，如此一來，當事情不如自己預期般發展時，可以更從容且平和地接受。

爲了買一顆菠蘿，厄爾凱尼和妻子整整計劃了兩個星期。每天路過水果攤，他們總要駐足好一會兒，滿懷期盼地望著擺在櫥窗內的菠羅，直到厄爾凱尼生日的那天中午，他們才問了價錢。

「二百七十五法郎，」賣水果的說：「這是頭等菠蘿，新鮮、汁多。」

妻子一聽就嫌貴，但厄爾凱尼並不這樣想，他認爲比起西瓜，它當然貴，但比起別的菠蘿則不算貴。於是他們買下它，小心翼翼地帶回家，放在茶几上

好好地端詳了一番。

夫妻倆圍著它走了一圈，摸它、聞它，不住地誇獎它：「多麼精緻，多麼富有異國情調的小東西！頂上長了一撮小小的，像是棕櫚樹的植物，要是給它澆點水，或是放在水盆裡，說不定還會開花呢！」

買菠羅這件事很快在他們居住的老公寓裡傳了開來。從未謀面的清潔女工特地來建議他們，削掉皮、撒上糖，放個一兩天再吃，會更加美味。

「別聽她瞎說，」樓梯口一個英國女學生聽到了這段話，告訴厄爾凱尼：「要泡上甜酒才好吃。」

一位只有點頭之交的匈牙利鄰居則寫了一張條子塞在門縫中，留言道：「誰的話都別信！其實，菠蘿要厚厚地削掉一層皮，因為皮不好吃。至於肉，想怎麼吃就怎麼吃。」

到了晚上，厄爾凱尼和妻子聽到的建議已經不下數十種，最後他們決定把菠蘿去了皮，直接吃掉。

夫妻倆抱著興奮、期待的心情咬下第一口，孰料過了幾秒，原本雀躍的表情瞬間垮了下來。

這水果什麼味道也沒有，他們生吃了幾口，決定撒點糖試試看，可是仍不滿意，只好喝了幾口甜酒搭配，才勉勉強強地吞了下去。

這一天，是厄爾凱尼度過最糟糕的一次生日。

就算很困難，也要挑戰看看

菠蘿就是我們熟悉的「鳳梨」。

這篇故事也讓人想起動畫大師宮崎駿早期的一部作品〈回憶兒時的點點滴滴〉，裡面所描述到的一段場景。

女主角妙子小學時要求爸爸買一顆鳳梨回來，這種在台灣常見的熱帶水果，在溫帶國家卻是稀少、昂貴的奢侈品。

當時他們連鳳梨該怎麼「食用」都不知道，妙子的大姊還特地向友人請教，全家人原本期待的心情，在鳳梨入口之後，卻轉為大失所望。只剩心情複雜的

妙子，一口一口把剩下的鳳梨勉強解決掉。

期待的心情是生活精采的一部分。可是期待的心情，卻常常造成糟糕的情緒。這樣說，並非要人們不抱期待、沒有希望，只是在期待的過程中，更該加入一點平常心。如此一來，當事情不如自己預期般發展時，便可以更從容且平和地接受，甚至以快樂的心情面對。

當我們興高采烈規劃一個活動，對方卻表現得「沒興趣」時，會有一種受打擊的感覺。這是因爲我們對別人有過度的期待，認爲對方應該同自己一般，快樂地接受。然而，換個角度想，爲什麼對方就該按照我們的規則來做呢？

期待的心情，是爲了讓生活多一點夢想和希望，而不是受氣。因此，我們要將「期待」放在對的位置，將期待的力量轉化爲更努力實踐夢想的行動力。

PART 6

正視問題，才能克服失意

如果我們不能正視問題、不願努力解決困境，任憑謊言埋沒自己，在失意的環境中墮落，一生就只能活在虛假中。

勇於改變才能繼續向前

人生中有許多不變的真理，支持我們前進。如果我們能在這些不變的真理中尋求改變，就能讓自己從中脫穎而出。

孤兒托馬斯十二歲那年隱瞞了眞實年齡，到一家商店的冷飲部門當收銀員。當商店的經理得知托馬斯還不滿十六歲時，便當場將他解雇了，因爲聘用童工是不合法的。

托馬斯刻薄的養父知道後，氣得臉色發青，怒斥道：「你怎麼那麼蠢，讓人家發現你未滿十六歲。你這個豬腦袋是永遠也保不住你的飯碗的！」

這句話深深地印在托馬斯的腦海中，每當他面對挫折和困難時，就會用此

提醒、激勵自己更賣力的工作，絕對不能成爲養父嘴裡的豬腦袋。

托馬斯三十五歲那年，事業上終於有所成就。他從事的飯店餐館業，不但在社會上有穩定名聲，還讓他成爲一個百萬富翁。

一六九九年，托馬斯開了第一家自製漢堡餐館。他選用最新鮮的牛肉爲材料，並在顧客點餐時，才現做牛肉餅；出售時才直接從爐子裡拿出熱騰騰、香噴噴的漢堡麵包當主打。

托馬斯的漢堡特別受人歡迎。因爲他強調一切現做，新鮮又好吃，而且光顧托馬斯餐館的顧客們還可以根據自己的喜好，選擇各種調味品。

此外，還有專門爲孩子們製作的漢堡，不論份量大小及營養度，都是爲成長中的孩子特別設計。

這種新穎的經營方式和食品特色，吸引越來越多的顧客，即使點完餐需要稍候一陣子，大家也等得很高興。

深受社會歡迎的「自製漢堡餐館」順應時勢，開起大大小小的分店。據統計，平均三天的時間，托馬斯就新增一家餐館。

很快地，托馬斯的餐館遍佈美國，走向海外。八年後，他擁有第一千家餐館；又三年之後，托馬斯興高采烈地爲他的第二千家餐館剪綵。

就算很困難，也要挑戰看看

在這世界上，沒有一個人不曾受過委屈，就算貴爲一個國家的元首，也有不如己意的時候。

有的人受了委屈，選擇了退縮；有的人則是咬緊牙根忍耐，繼續前進，也因此造就出不同的人生來。

托馬斯並不因爲養父刻薄的話語，就放棄意自己的人生，反而以此自我激勵，努力向上，這是他成功的第一步。

然而，光是有拼勁是不夠的，還必須找到有效的方法，才能闖出一片天。漢堡在當時已經非常普遍，而且每家店都擁有一定的消費群，若秉持老式販賣方法，所得的也只是和同業共享一塊大餅。

托馬斯在「不變」中尋求「改變」。他改良了漢堡的販賣法式，並讓客戶參與製作過程。這項貼近人心的做法，果然獲得廣大迴響，不但得到漢堡市場這塊大餅的多數客戶，還開發了許多新客源。有些不吃漢堡的人，也會因爲可以選擇口味而購買。

從未失意過的人絕對無法知道只有努力才能讓自己的人生得意，這就像一個射手，如果從來沒有失過手，也就永遠不能體會那種經過一番努力之後，再度命中目標的成就感。

人生旅程中有許多變動，是我們無法預料的，可是，也有許多不變的眞理，支持我們前進。如果我們能在這些不變的眞理中尋求改變，就能讓自己從不如意的際遇中脫穎而出。

正視問題，才能克服失意

如果我們不能正視問題、不願努力解決困境，任憑謊言埋沒自己，在失意的環境中墮落，一生就只能活在虛假中。

西班牙著名畫家戈雅是個不肯為金錢、地位而出賣人格的人。他多次為上流社會的達官貴人畫像，每次都巧妙地諷刺了他們的荒淫無恥。

有一次，西班牙國王把戈雅召進宮裡，對他說：「你是我國最傑出的畫家，只有你才配替王室貴冑畫像。今天找你來，是要你為我畫一張全家像。畫好後我會重重獎賞你。」

畫完成後，戈雅請國王過目，國王看了大吃一驚：全家十四個人，卻只有

六隻手。

國王怒氣沖沖地問道：「這些人的手呢？」

「我不知道！」戈雅答道。

國王硬要他添上，他堅持不肯。在他看來，這些王子王孫都是吃軟飯的寄生蟲，只有嘴，沒有手，所以畫上當然找不到那麼多手囉。

又有一次，一個博士請他畫自己的肖像畫。

這人是個僞君子，表面上道貌岸然，實際上心狠手辣，不但搶走朋友美貌的妻子，還將朋友殺了。

戈雅不動聲色地替博士畫了像。博士看完後，高興地說：「聽說你很難得爲人畫手，這次你竟然將我的兩隻手都畫上了，我眞感榮幸。」

戈雅冷笑說：「你知道我爲什麼要把你兩隻手都畫上嗎？我就是要讓人們看看你那雙殺人的『兇手』！」

博士聽後大吃一驚，仔細地看了畫上自己的雙手，果然血污隱約可見，頓時氣得臉色發青。

說謊的經驗相信人人都有。多數的人在說謊時，都會有一些小動作出現，比方臉紅、心跳加速、搔頭、抓耳，眼睛不敢直視對方等等，那是因爲欺騙別人時，內心會不安、惶恐，所以才會有那些舉動。

可是，我們欺騙自己時，卻可以臉不紅氣不喘。是因爲對自己說謊就無所謂嗎？其實，這樣的傷害反而是最大的。

對自己說謊，就像鴕鳥碰到危險將頭埋進沙堆一樣，雖然以爲看不見，危險還是存在。如果我們不能正視問題、不願努力解決困境，任憑謊言埋沒自己，在失意的環境中墮落，一生就只能活在虛假中。

國王和博士都屬於「自我欺騙」型，以爲畫中的自己，就是生活中眞正的自己。在社會地位和權勢威脅之下，大概也只有戈雅敢畫出眞正的事實了。

也有許多處在逆境中的小人物不願意欺騙自己，越是處在失意的時候，越

是迫使自己盡一切努力解決問題。

越戰期間，美國一位名叫湯普森的士兵，在一次伏擊戰中，爲了使被美軍俘虜的九名越南平民免遭屠殺，竟然掉轉槍口，對準自已的戰友說：「你們開槍，我也開槍！」

湯普森的舉動讓戰友們目瞪口呆。事後，他受到美國軍方嚴密調查。幾十年後，美國一家媒體以「誰是你心中的英雄」爲題進行民調。

沒想到被選出的人當中，除了已故的總統林肯、華盛頓等風雲人物，竟然還有這位湯普森，而且票數頗多。

戰爭，常使人蒙蔽了良知的雙眼。戰爭底下常可聽見交戰的國家以「正義」爲名，實則爲了自己的利益而對別人說謊，造成濫殺無辜的悲慘案例。

無論如何，人都不該對自己說謊，就像湯普森沒辦法欺騙自己那群手無寸鐵的村民是擁有致命武器的敵人一樣，因此，他冒著生命危險，選擇挺身而出，阻止這場濫殺無辜的行爲。

這樣的行爲，使原本只是無名小卒的他成爲美國人民心目中的英雄。

支持的聲音最能打進人心

失意時別害怕尋求支持的聲音，不論是內尋或外求，不管是實質或心靈，只要能讓自己重新站起來，就已足夠。

馬克是一個品性不好的人，除了好吃懶做外，還有順手牽羊的惡習。再加上他十分好賭，時常因此而無法過活，得向人借錢。可是等到他一有錢，又跑去賭博不肯還錢。

所有的人都很討厭他，也沒有人敢再借錢給他。即使他表示自己借錢是想做個小買賣，重新振作，也沒人願意相信他的話。

在走投無路，沒有人願意接受他，連三餐都成了問題的情況下，他跑去投

靠一個遠房親戚，以爲她還不知道自己的底細。

遠房親戚看馬克如此潦倒的模樣，趕緊請他進門，並準備了非常豐盛的一餐招待他。

馬克在親戚家休息了一晚，也仔細觀察了她家的擺設，打算離開時順手牽羊，帶一些貴重物品去換現金當賭本，看看能不能賺回之前賭輸的錢。

第二天早上，馬克正享受美味的早餐時，親戚突然拿了一千塊給他，並告訴他：「曾有人打電話告訴我，你借錢從來不還，要我小心，千萬別借錢給你，但我相信你不是這樣的人，也許他們對你有所誤解。」

這句話帶給馬克很大的震撼，原來對方早已知道自己的狀況，仍然如此友善地對待自己。

他拒絕了親戚借給他的一千塊，只拿了她準備的乾糧，說了一聲「再見」就走了。

馬克離開了家鄉，到外地打拼。過了半年，那名幫助過他的親戚，在聖誕節收到馬克寄來的一份精美禮物，和一隻又肥又大的火雞。三年後，馬克衣錦

還鄉，把從前欠的錢全部還清了。

因爲那位親戚的善意，讓他知道自己的人生還有希望，他要努力重新獲得他人對他的信任，再也不做個騙子了。

就算很困難，也要挑戰看看

對馬克來說，最珍貴的不是親戚願意借錢給他，而是對他人格的信任。因爲這個堅定的支持，讓馬克的人生從此改變。

一個失意的人，最需要的就是得到一句誠懇且溫柔的話語。

可是，我們總習慣「教導」別人「最正確」的做法，忽略了對方內心最需要的呵護、關懷。

該怎麼做才是「最正確的」，相信他自己心裡也知道。可是他的情緒是沮喪、鬱悶的，就算能接受他人的建議，也不一定能實行它。還不如靜靜陪在他身邊，給些溫暖的安慰。

有個人能在背後支持自己、關心，就能讓自己更有勇氣跳脫傷痛，繼續努力，往夢想前進。

當我們感到生活壓力，情緒低落時，不妨想想那些支持自己的人，不管是父母、手足，還是朋友，相信無論如何，都有他們作爲堅強的後盾、安全的避風港，這麼一想，就能帶給自己力量和勇氣。

失意時別害怕尋求「支持」的聲音，不論是「內尋」或「外求」，不管是實質或心靈，只要能讓自己重新站起來，就已足夠。

肯磨練自己，就不怕打擊

「樹大招風」，不見得是壞事，只要肯磨練自己、努力紮根，就不怕打擊，反而能藉著風雨的洗刷，讓自己更光彩亮麗。

某個週末，小敏和丈夫帶著兒子一起去爬山。走到半山腰時，他們看見一顆高大、挺拔的銀杏樹，它的樹冠幾乎要遮天蔽日。

「樹大了就結石頭嗎？」孩子突然問了一個奇怪的問題。

「樹怎麼可能會結石頭呢？」小敏答。

「那樹上為什麼有石頭？」孩子指了指那顆大銀杏樹。

他們順著孩子的小手看去，果然，一棵大銀杏樹的樹枝上卡滿了小石頭，

而且有些石頭已經「長進」了樹裡。

「那是別人扔上去的！」丈夫答。

「別人為什麼不向另外那兩棵樹扔石頭呢？」孩子又問。

他們一瞧，果然，另外兩棵樹上，連一塊石頭也沒有。

丈夫停了下來不解地摸著下巴，小敏也找不出答案。

這時，從山的另一頭走來一個放羊的老人。

「爺爺，為什麼那棵樹上有那麼多石頭？」孩子一看到人就抓著問。

老人摸了摸下小孩的頭說：「根杏是特殊的樹，有的結果子，有的不結果子。只有果實累累的大樹，才會被人扔石頭。」

就算很困難，也要挑戰看看

因為這顆挺拔的銀杏樹會結果子，才會遭人覬覦。這正是所謂的「樹大招風」，樹長得高大時，特別容易受到風吹。

當一個人名聲太大、在團體中過於突出，容易威脅到其他人的生存，因此容易招來嫉妒和毀謗。這也是一種人性心理，自己的利益受到威脅時，最好的方法就是把威脅者趕走。

也因此，老一輩的人常常教導我們，做人要懂得謙虛。這不僅僅是爲人處世之道，更是保護自己的方法。

所以，當我們來到一個新的環境，還沒摸清楚狀況、和大家打成一片、相處融洽之前，別太過張揚。

可是，一個有才幹的人最終總會嶄露頭角，總不能一輩子「曖曖內含光」吧？當自己樹大而招風時，又該怎麼辦呢？

讓我們來看另一則「樹大招風」的故事：

一場風雨把一棵挺立的白楊樹連根拔起，倒在路旁。

白楊茂密、蒼翠的枝葉眼看就要枯萎了，它哭著說：「若不是我長得高大，怎麼會遭到這樣的下場呢？」

土地公公聽了，告訴白楊樹說：「孩子，看看你的左右，比你高大的樹木是不是依然挺立呢?他們經歷了同樣暴風雨的襲擊，卻能安然無恙。可見你倒地的原因不只是樹大招風，還是根底太淺啊!」

社會上，有許許多多的名人擁有閃耀的光環，同樣遭受流言攻擊，有些人能平安度過，有些人卻傷痕累累。

這是因爲每個人所顯現出來的自我形象都不同，雖然同樣有名氣，有些人就是讓人景仰和尊敬，不受流言蜚語的影響。

當一個「能人」總有讓人眼紅的時候。只要自己的根紮得深，腳站得穩，就不用害怕狂風暴雨的襲擊。

「樹大招風」，不見得是壞事，只要肯磨練自己、努力紮根，就不怕任何打擊，反而能藉著風雨的洗刷，讓自己更光彩亮麗。

多點忍耐，成功才會來

在我們還沒有能力獨當一面時，就得多一點忍耐。即使當下感到委屈，也別太難過，只要熬久了，就能找到自己的天空。

有個實習生曾抱怨帶領自己的前輩為人懶散，無心於事。能力不錯的他，因為前輩的「拖累」，綜合評比成績不佳，讓原可很快嶄露頭角的他，遲遲未受到上級重視。

有個和自己同期進入公司的實習生，早就連升三級了。這件事讓他忿忿不平，又無可奈何。

可是，突來的一件事，卻讓他「感激」起這個懶散的前輩。表現優良、連

升三級的實習生被迫「辭職」了。

原來，他所處的機關是個資歷重於能力的機構。年資長的前輩才有資格「大聲」說話，新進職員那麼快嶄露頭角，幾乎功高蓋主，不爲他們所接受，自然被「請」出公司。

了解這樣情況的實習生，從此更加謹言慎行，默默努力往上爬。後來，終於受到同事的肯定和信任。

就算很困難，也要挑戰看看

或許你會說，這個實習生既倒楣又可憐，爲什麼不換一間可以讓自己大展長才的公司呢？

的確，這也是一條路。

可是，現實社會裡，諸如此類的事情比比皆是。身爲社會「新鮮人」，能選擇的條件並不多，只能珍惜現有磨練的機會。等到準備充分，一切就緒時，

自然能找出一條最適合自己的道路。

人類為了某種利益而形成的「互助」關係，大自然也無時無刻都在上演這類環環相扣的互助生態。

寄居蟹的模樣既像蝦又像蟹，頭胸部長著螯足，身上披著甲，背上還背著個螺殼，常在淺海的岩石上爬來爬去。

螺殼是牠的「住宅」，但這個「住宅」的主人原是海螺。寄居蟹向海螺進攻，把牠弄死、撕碎，再將自己的腹部鑽進殼內，盤屈在裡邊。就這樣，寄居蟹強佔了別人的「住宅」。

這種寄居別人「住宅」裡的寄居蟹，還寄居了另一個「房客」——海葵。海葵身上長著多刺細胞，觸手有裝滿毒汁的泡囊，裡面還有帶刺的絲狀體圈，遇到敵害來臨，就從裡面射出毒汁來。

寄居蟹和海葵親密無間，同出同游，牠背馱著螺殼，荷著行動困難的海葵，四出覓食的同時，也幫助海葵尋找食物。海葵那副怪模樣，也隱藏和保護了寄居蟹。

當寄居蟹長大，「舊居」待不下的時候，海葵就分泌一種特殊物質，幫助寄居蟹「擴建」房子。

雖然寄居蟹是個搶奪他人「房子」白住房的強盜，但我們不得不說牠很聰明，懂得自然界的生存原理，「互取所需」的互助之道。雖然牠必須背負著海葵覓食，但海葵也給了牠幫助和保護。

同樣的，在我們還沒有能力獨當一面時，就得多一點忍耐。即使當下感到委屈，也別太難過，只要熬久了，就能找到自己的天空。

束手無策，不如放手去做

面對失意，束手無策時，何不換個角度想想，乾脆放手去做。在「不綁手綁腳」的情況下，說不定會有個意外的突破。

有一段時間，在政治上受到打擊的邱吉爾整日神情抑鬱、不發一語。全家人看在眼裡，急在心裡，不知該如何安慰他。

當時，邱吉爾的鄰居是位女畫家，家裡常常堆滿了各式各樣的顏料、畫筆、畫布以及一幅又一幅的作品，邱吉爾全家常常有機會欣賞那位鄰居的傑作。後來，在家人的建議下，邱吉爾開始和鄰居學習油畫。

政治舞台上一向敢作敢爲政治家的邱吉爾，面對那張乾淨整潔的畫布卻遲

疑了半天，不敢畫下一筆，生怕出了一點差錯，會毀了雪白的畫布。女畫家見了，索性拿起所有的顏料，全部倒在畫布上。

見到她的舉動，邱吉爾起初愣了一下，但是見那畫布已經滿是顏料了，索性拿起畫筆，開始在畫布上任意塗抹起來。就這樣，邱吉爾畫出了他的第一幅作品，雖然不完美，卻是一個很大的突破。

就算很困難，也要挑戰看看

曾有畫家將裝滿各式各樣顏料的氣球綁在畫布上方，然後用飛鏢隨意亂射，讓流下的顏料在畫布上譜出一幅美麗畫面。也有畫家將墨水裝在針筒裡，利用噴射的方式作畫。

或許有人感到疑惑，這種「不保險」、難以控制的作畫方式，能創造出一幅好作品嗎？這點沒人可以保證，但是可以確定的是，這種有創意，且大膽的做法所呈現的結果，比苦思許久都無法動手，而留下一片空白來得好。因爲，即使不是「完美」，卻是個「開始」。

邱吉爾放開手腳開始畫畫，經過不斷的練習後，終於在畫技上有了明顯的進步。最後，邱吉爾不僅爲畫壇留下大量思維大膽、風格迥異的油畫作品，還恢復了自信，東山再起，在英國甚至全世界的歷史上創造了一番驚人的成績。

當你買了一台新車時，可能因爲小心呵護過了頭，在顧慮東顧慮西的情況下，無法「盡情」的使用。當有一天，愛車不小心刮了一道傷痕，不再完美無瑕時，你才會「捨得」好好使用、發揮它的用處。反正都有了瑕疵，再多幾道也無所謂，甚至不用擔心小偷覬覦。

這時的你，才能眞正享用這台車帶給自己的方便和樂趣之處。

事情有個「壞的開始」時，帶給多數人的是挫折和打擊，有人甚至放棄，但是對某些人來說，或許是另一個開始。

面對失意，束手無策時，何不換個角度想想，反正再糟也不過如此，乾脆放手去做。在「不綁手綁腳」的情況下，說不定會有個意外的突破。

思想不受限制，生命才會多彩多姿

做事不順利、不如意的時候，就轉個彎，想個別的辦法。只要不給自己太多限制，就能讓生命活得更多彩多姿。

很久很久以前，人類還沒發明鞋子，大家都赤著雙腳走路。

有一天，一位國王到某個偏遠的鄉間旅行，因爲路面崎嶇不平，有很多碎石頭，刺得他的腳又痛又麻。回到宮中之後，他下了一道命令：將國內所有道路都舖上一層牛皮。

他認爲這樣做，不只爲了自己方便，還可造福他的人民，讓大家走路的時候不再受刺痛之苦。

但即使殺盡國內所有的牛，也籌措不到足夠的皮革，而且所花費的金錢、動用的人力，更是龐大的開銷。這根本是一項難以做到，甚至愚蠢的命令。但是大家都不敢違抗國王，只能搖頭嘆息。

這時，一位聰明的僕人想到一個好主意，大膽地向國王提出建言：「國王啊！爲什麼您要勞師動衆，犧牲那麼多頭牛，花費那麼多金錢？何不用兩小片牛皮包住您的腳呢？」

國王聽了很驚訝，但也當下領悟，於是立刻收回成命，改採這個建議。據說，這就是「皮鞋」的由來。

就算很困難，也要挑戰看看

窮則變，變則通。這條路走不通，換條路走就是了。既然無法用牛皮覆蓋全國的土地，就把牛皮包在腳上，踏遍全國土地不也一樣嗎？

我們常常見到許多做事非常認真的人，生活或事業上也小有成就，但是，

他們總是無法妥協，不知變通，讓人頭痛。

認眞，是一種優點，但是認眞過了頭，就會變成固執。偏偏有許多人固執己見，不肯讓自己的腦袋轉個彎，換個想法來面對問題，倘若計劃趕不上變化，就會被時代淘汰。

我們要懂得適時跳出生活的框框，並不是凡事都得照著規定來，在緊急狀況下，也得立即做出判斷和行動。

至於該怎麼變，就看個人功力了。

世界上，被公認爲最聰明的猶太人說：「這世界上賣豆子的人應該是最快樂的，因爲他們永遠不必擔心豆子賣不出去。」

爲什麼呢？因爲，假使豆子賣不完，可以把豆子磨成豆漿。如果豆漿賣不完，可以製成豆腐。

豆腐賣不成，變硬了，就當作豆腐干來賣。要是豆腐干賣不出去的話，就把這些豆腐干醃起來，變成豆腐乳。

除此之外，還有另一種選擇：加上水讓豆子發芽，幾天後就可改賣豆芽。

豆芽如果賣不完，就讓它長大些，變成豆苗。如果豆苗還是賣不掉，再讓它長大些，移植到花盆裡，當作盆景來賣。如果盆景賣不出去，再把它移植到泥土裡，讓它生長。幾個月後，它結出了許多新豆子，一顆豆子變成了上百顆豆子，想想那是多划算的事啊！

從這個賣豆子的理論中，我們見識到猶太人的過人之處。他們並不給自己太多限制，做事不順利、不如意的時候，就轉個彎，想個別的辦法，因此，可以把豆子做最大的利用，一點也不浪費。

同樣的，我們的人生也可以如此運用，只要不給自己太多限制，就能讓生命活得更多彩多姿。

得意之際，更要用心思慮

聽到他人對你的恭維時，要動動腦，想想甜言蜜語的背後是否有其他目的，不要因為一時得意，而忘了必須多加考慮。

有一天清晨，富蘭克林家門口來了一個男人，肩扛著一把大斧頭，一見到富蘭克林便和氣地說：「你好啊，小夥子！請問你家有磨刀石嗎？」

「有啊，先生。」富蘭克林據實回答他。

「你真是個好孩子，」他又說：「我可以借你家的磨刀石磨磨斧頭嗎？」

「當然行呀。」這個男人說話很客氣，富蘭克林爽快地答應了。

男人於是摸摸富蘭克林的頭，又問：「你多大了？叫什麼名字？我知道，

你一定是個好孩子！你肯幫我把斧頭磨上幾分鐘嗎？」

聽了他的奉承話，富蘭克林高興極了，便使勁地幫他磨起斧頭來。那把斧頭又銹又鈍，富蘭克林磨得十分賣力，即使手磨酸了、上學的時間快到了，斧頭也才磨好一半，不過他並沒有停止。

斧頭終於磨好後，富蘭克林以爲會得到一番讚美，沒想到那個男人卻突然粗暴地對他說：「喂，你這個懶惰蟲，上學時間到了，難道想逃學嗎？動作還不快一點！」富蘭克林氣極了，他爲男人磨了一個早上的斧頭，得到的報酬竟是挨他一頓臭罵！

就算很困難，也要挑戰看看

由於幼時的「斧頭」事件，讓富蘭克林謹記在心，日後聽到別人的恭維時，總會回想起那個扛斧頭的男人，而自我警惕。

恭維的話人人都愛聽，就算內心知道不是那一回事，還是會忍不住小小開心一下。若以「禮貌」爲出發點，倒也不爲過。畢竟在現代社會，適度的「恭維」是必備的「禮節」。只是要小心，過度的「恭維」，有另一個更貼切的名詞，就叫做「拍馬屁」。

我們都知道，稱讚一個人是有限度的，除去了鼓勵的善意和場面話外，就是有所目的，出發點並不單純。相信每個人都有碰過被人推銷的經驗。仔細回想，通常讓你拿出錢包，掏出鈔票，是真的很喜歡並清楚這項商品，還是被推銷員「美言美語」誇讚到昏頭轉向呢？

當我們有求於人時，身段難免放低點。同樣的，當別人對我們有所目的時，自然也會拍拍馬屁，讓你心花怒放，一切就好商量多了。就算當下沒有馬上提要求，難保他日不會找上門來。

下次聽到他人對你的恭維時，得意之際也要動動腦，想想甜言蜜語的背後是否有其他目的，不要因爲一時得意，而忘了必須多加考慮。

PART 7

面對不如意，更要腳踏實地

我們常常在做一些自己不喜歡做的事，或許當下會埋怨、感嘆，但是只要肯踏實地努力，終能從中找到圓滿的地方。

跨越阻礙，終能遠離失敗

有挫折的人生是正常的，阻礙的出現反而能激勵自己，在想辦法超越它的同時，也將發現更廣闊的天空。

高中時貝蕾想學打字，卻因爲手部的殘疾怕影響全班進度而被拒絕。她的爸爸告訴她：「時光易逝，妳不能就這樣放棄，往後還有好多障礙等著呢！」於是，她借了朋友的打字機自己練習。

貝蕾對記者的工作非常感興趣，可是她明白手有殘疾的她當記者的機會微乎其微，只能把目標對準廣播電台。

她選修廣播電視的課程，一段時間後將自己練習主持的錄音帶寄到幾家電

台去，堪薩斯市立電台通知她錄取了，並要她去報到。

當節目負責人見到貝蕾本人之時，緊盯著她的手，懷疑她是否能操控廣播台上的按鈕。

貝蕾察覺到他的疑惑，就做了過去一直努力練習的打字動作讓他看。之後四年，貝蕾一直在這家電台工作，從堪薩斯到紐約，最後到聖地牙哥。

貝蕾深知廣播並不能滿足她的夢想，決定孤注一擲，朝電視台前進。

結果，幾乎讓她心灰意冷，一些電視台沒有給任何理由便直接回絕，另一些則搖頭說：「很遺憾的，妳的手會分散觀衆的注意力。」

可是，貝蕾從未放棄，不斷地投履歷應徵。花了一年半的時間後，KG電視台聘用她爲消費者專欄的記者，她知道他們沒有讓有缺陷的人上鏡的先例。

練習三週後，貝蕾開始感到不安。

因爲她將在KG電視節目中首次亮相，她戴著仿指手套，看起來幾可亂眞，但貝蕾卻覺得非常虛假，「我豈不成了木偶！」

螢幕上的她顯得又僵硬又呆板，和她搭檔的主持人察覺了她的不安。

「是手套，」貝蕾告訴他：「它讓我覺得好像戴著面具。」

他說：「摘下它吧！到鏡頭前去，讓我們看看會怎樣。」

她感到寬慰，更感到驚慌，心想：「我的電視生涯就在賭今晚了，觀眾否定的信和電話將永遠刺破我的夢想。」

那天晚上五點新聞開始，貝蕾赤手出現在螢幕上，接下來，便是等待。過了不久，電話和信像雪片般飛來，裡面充滿了肯定，許多人讚嘆貝蕾顯現出眞實的自我，更有人根本沒留意她的手，對她的表現慷慨地給予了「自然」的評價。貝蕾很快成爲了美國CBS電視台最著名的節目主持人之一。

就算很困難，也要挑戰看看

美國演說家胡伯曾說：「其實，世界上只有不夠努力，並沒有真正的壓力，只有自我設限，不敢超越，並沒有真正的挫折。」

一遇到壓力就不敢面對的人，會把眼前的瓶頸當成無法突破的障礙，只有

勇敢面對挑戰的人，才會把它當成讓自己迅速成長的助力，讓它成爲躍向成功的墊腳石。

人生過程當中，經歷過失敗和折磨，並不是什麼壞事，因爲，有什麼樣的經驗，就會成就什麼樣的人生；經驗越豐富，人的個性就越堅強，越能體會生命的快樂和更深層的意義。

貝蕾的故事告訴我們一個眞理：「不要讓外界告訴你，你能做什麼，如果將手縮進袋子裡，你永遠爬不上成功的梯子。」

當別人拒絕了你，並不代表你要拒絕你自己，有挫折的人生是正常的，如果一生都平順無波折，就很像一朵人造花，雖然看起來美麗，卻缺少了花朵應有的芬芳。

就算很困難，也要挑戰看看。阻礙的出現反而能激勵自己，在想辦法超越它的同時，也將發現更廣闊的天空。

機會界於零和無限之間，就看你如何把握它。

勇敢築夢，就一定會成功

只要你願意相信、願意嘗試，就算是壞的開始，也是成功的一半。相信自己的「夢想」，並不是一件可恥的事。糟糕的是，最你讓它永遠只是個「夢」，不肯正視它。

他是一位匈牙利木材商的兒子，由於從小反應就非常遲鈍，因此認識他的人都喊他「木頭」。

十二歲的時候，他做了一個夢，夢到有個國王頒獎給他，因爲他寫的字被「諾貝爾」看上了。當時，他很想把這個夢告訴別人，又害怕會被嘲笑，最後他只敢告訴他的母親。

母親聽完後對他說：「假若這個夢屬於你，你就會有所成就！我曾聽說，

當上帝把一個美好的夢想放在誰心中時，他是眞心想幫助那個人完成的。」

男孩相信母親的話，從此，他開始喜歡上寫作。

「倘若我禁得起考驗，上帝就會時時刻刻幫助我！」他懷著這份信念開始了他的寫作生涯。

三年過去了，上帝沒有來；又三年過去了，上帝還是沒有來。

就在他期盼上帝前來幫助他的時候，希特勒的部隊先來了。猶太人出身的他，馬上被送進了集中營。

在那裡，六百萬人失去了生命，他則僥倖活了下來。一九六五年，他終於寫出他的第一部小說《無法選擇的命運》，一九七五年，他又寫出他的第二部小說《退稿》，接著又寫出一系列的作品。

就在他不再關心上帝是否會幫助他時，瑞典皇家學院宣佈：二〇〇二年的諾貝爾文學獎得主是匈牙利作家凱爾泰斯．伊姆雷。他聽到後，大吃一驚，因爲這正是他的名字。

人們請這位名不見經傳的作家談談獲獎的感受，他答覆說：「沒有什麼感

受。我只知道，當你說『我就喜歡做這件事，多困難我都不在乎』之時，上帝會抽出身來幫助你。」

就算很困難，也要挑戰看看

生活中總是充滿許許多多由「不可能」轉變成「可能」的事。加拿大一名男子用一根迴紋針，一年以來十四次的交易，爲他換來一棟一千一百平方英尺的房子；出生於台灣的陳士駿，身爲網路影音分享網站You Tube其中一位創辦人，受到Google賞識，以十六億美元買下了該網站。

「你在做夢」這句話，再也不是一句嘲弄，只要你願意相信、願意嘗試，就算是壞的開始，也是成功的一半。

筆者朋友的姊姊就是一個很好的例子。

這個女孩從小就希望能在音樂路上發光發熱，但是她的父親並不認同，認爲她最多只能當個學校音樂老師。當她提出想要出國深造的請求時，他父親大罵她：「妳在做夢！」

最後，她還是想盡辦法出國了，並以優異的成績，獲得高額獎學金。她眞的在做夢，而且勇於將她的夢付諸實現。

相信自己的「夢想」，並不是一件可恥的事。糟糕的是，最你讓它永遠只是個「夢」，不肯正視它。

當我們能面對自己的夢想時，就能努力朝著夢想走，不管最後結果如何，我們都走在「實行」的路上。

要堅信，「只要你願意，上帝就會抽身來幫你」！只要你願意，催促讓自己邁向成功的力量就會由此而生。

只要態度積極，就有好運氣

所謂的「運氣」，取決於人們對生活的態度、對人生的積極與否，倒楣和幸運都能讓人成長，學習不同的東西。

有一群非常倒楣的人，組織了一個「倒楣者協會」，並且推舉一位公認最倒楣的人擔任會長。

「會員們，」倒楣會長發表就職演說道，「我們太倒楣了！可是那些幸運者為什麼那樣幸運呢？不行！我們一定要讓他們和我們一樣倒楣！」

「對！」會員們齊聲贊同。

會長建議：「讓我們合夥辦個『霉氣』公司吧。」

「是煤氣公司嗎？」一位會員疑惑問著。

「不，是『霉氣』。我們可以把霉氣管道悄悄地通到幸運者家裡……」

倒楣會員對此都很感興趣，一致通過這個提案。他們先用自己呵出的氣，把龐大的霉氣櫃灌得滿滿的，然後，選了一位幸運的女歌星做目標。很快地，神不知鬼不覺地，霉氣管道從地底下通到了女歌星家的衣櫥裡。

「放氣！」計劃完成後，倒楣會長一聲令下，女歌星的房間裡立刻充滿了一種說不出來的怪味兒。

當天晚上，女歌星的嗓音有點沙啞了，觀衆的掌聲減少一大半。

倒楣會長哈哈大笑：「好啊，加大供氣量！」

終於，女歌星再也不能唱歌了，連她自己都怕聽見鋸樹般的聲音。但是，正當倒楣者協會在慶祝勝利時，又傳來這樣的消息：過氣的歌星現在成了啞劇演員，精湛的演技無與倫比，即將應邀出國演出。

「她更幸運了！」倒楣會長急紅了眼，「不行，不能讓她出國！」

一根更粗的霉氣管又通到了啞劇演員的床底下，第二天早晨她竟然因此無

法起床，兩條腿動彈不得了。

女演員在床上躺了三天三夜。第四天，她拿起了筆，決心當一名作家，她自己無法出國，但寫出的書非常動人，被傳到了更廣更遠的地方。

「停止放氣。」倒楣會長終於明白了一個道理：「對這種人來說，霉氣越多，就越是幸運！」

就算很困難，也要挑戰看看

這個故事讓人想起一部電影〈幸運之吻〉，描述一個超級幸運的女孩和倒楣透頂的男孩在某次邂逅後，因爲一個吻，兩個人的運氣從此顚倒。

裡面讓人印象很深的一幕是，女主角責怪男主角：「在你出現之前，我的生活是完美的。」

男主角卻回答她：「眞的很完美嗎？」

女主角從無法接受好運流逝，到爲了讓所愛的人過得好，寧可放棄自己的幸運，最後有情人終成眷屬。

看完女主角先前的幸運，再看她後來遭遇的事，會覺得很難以想像。可是電影表達出來的是，所謂的「運氣」，是取決於人們對生活的態度、對人生的積極與否，這一點，在男主角身上表露無疑。

倒楣協會的倒楣鬼以爲將「霉氣」送給幸運的人，就能改變對方的運氣，讓她從此成爲倒楣一員。可是，女明星卻不認爲這是倒楣，反而在不同領域一次次發覺自己的潛能。如果沒有那些「霉氣」，她可能一輩子都不知道自己除了唱歌之外還能演戲、寫作。

倒楣和幸運都能讓人成長，學習不同的東西。遭遇生命中的不景氣，如果你也很感嘆自己的壞運，羨慕別人的好運，不妨問問自己：「這樣的人生眞的不完美嗎？」

不怕一時失敗，機會才會存在

人生是不斷「試鏡」的過程。一個不因「面試」失敗就放棄，隨時準備面對下次考驗的人，人生總有開花結果的時候。

很久以前，有一位挪威青年漂洋過海來到法國，準備報考著名的巴黎音樂學院。考試的時候，儘管他竭力將自己的水準發揮到最佳狀態，但最後主考官還是沒有錄取他。

身無分文的青年，只好走到離學院不遠處的一條繁華街上，在一棵大樹下拉起手中的琴，希望能藉此忘掉飢餓，籌到旅費，以尋求下一次考試的機會。

他拉了一曲又一曲，吸引了無數人的駐足聆聽。

圍觀的人們沉浸在優雅的旋律中，一曲結束之後紛紛掏錢放入琴盒，卻沒有離開的意思。

一個無賴不屑於這樣的狀況，決定打擊青年的士氣。他大搖大擺地走過去，帶著鄙夷的神情，將錢扔在青年的腳下。青年看了看無賴，彎下腰拾起地上的錢遞給無賴說：「先生，您的錢掉在地上了。」

無賴接過錢，再一次扔在青年腳下，抬高下顎，傲慢地說：「這錢已經是你的了，收下吧。」

青年平靜地看著無賴，深深地對他鞠了個躬，然後不卑不亢說道：「先生，謝謝您的資助！剛才您掉了錢，我彎腰爲您撿起。現在我的錢掉在地上，也麻煩您也爲我撿起來！」

無賴被青年出乎意料的舉動震撼了，在衆人的目光下，終於撿起地上的錢放入琴盒，然後快速地離開了。

在圍觀者中有雙眼睛一直默默注視著青年，那是先前主考官中的其中一位，隨即將青年帶回學院，並錄取了他。

這位青年叫比爾·撒丁，後來成爲挪威小有名氣的音樂家。他的代表作品是〈挺起你的胸膛〉。

就算很困難，也要挑戰看看

有句話說：「人生是不斷『試鏡』的過程。」

想爭取一個工作、機會時，無可避免地必須面對主選官的評估、選擇。也許，你能力很好、也很優秀，可是卻落選了。這並不代表你不夠好，也許只是你不「適合」這個角色。

筆者在求職的過程中，就碰過一位面試官這樣告訴我：「雖然你的條件都符合我們的要求，但是我個人認爲，你應該在更有發展性的地方工作。」

不管是不是善意的謊言，筆者受挫之後換了工作的方向，最後也找到適合自己發展的道路。現在想想，仍很感激面試官當年那一句話，否則現在的自己還在當個小小的店員。

比爾．撒丁雖然在「面試」的過程中被拒絕了，但他不因此失意、一蹶不振，反而更「挺起胸膛」，爲下一步做準備。

因此，面對無賴無禮的挑釁時，他並沒有動怒或喪志，因爲他有自己的尊嚴和目標。因爲這樣的精神，主考官才重新看待他，給他一個機會。或許他的琴藝，還無法讓主考官認同，但是他的精神，卻讓人賞識。

只要樂觀積極，每個人都能順利渡過生命中的不景氣。一個不因「面試」失敗就放棄，隨時準備面對下次考驗的人，人生總有開花結果的時候。

實際行動，讓夢想成功

天馬行空的夢想，很多人都曾經想過，可是會認真實行的人卻不多。想得到成功，就必須讓需要獲得滿足，而不是空想。

發明輪船的富爾頓，出生在一個貧窮的農村。

十四歲的時候，他對製砲很感興趣，於是和一個造砲工人結為朋友，兩人時常坐在小船上，到河裡去釣魚。

但是，河水流得很急，船逆水前行的時候，只能靠一根竹篙撐動，既費勁又緩慢，每一次釣魚都要用盡全身力氣。

愛用腦子的富爾頓不禁思索起來：「能不能造一樣東西來幫人划船，既省

體力，又可節省時間？」

這個想法讓他念念不忘，父母時常看到他坐著「發呆」，有時甚至皺起眉頭，好像心事重重一般。原來，富爾頓正努力想捕捉住創造的靈感，決心把這個既像玩具又是機器的東西設計出來。

後來，他一頭鑽進舅舅家的工作室中，裡面什麼工具和材料都有，而且可以讓他隨興使用。

他在工作室中整整忙了七天才離開，並帶回一件新奇的玩意。大家看了半天，都不明白它的用處，於是富爾頓就帶一群人到那條湍急的小河。他不慌不忙地把那一件東西裝在小船上，用手搖動了幾下，接著就聽到一陣「突突突」的聲音，船開始抖動，船尾有一股被攪拌的浪花翻滾著。

正當大家覺得奇怪時，船開始動了起來，而且異常快速；不需要用竹篙划船，還能快速前進的奇蹟，讓所有人都圍著富爾頓歡呼起來。那一件使大家驚奇得喊不出名字的東西，就是現在汽船上的輪子！

後來，富爾頓不斷地摸索改進，不斷地設計創新，終於成爲有史以來第一

個創造輪船的人。

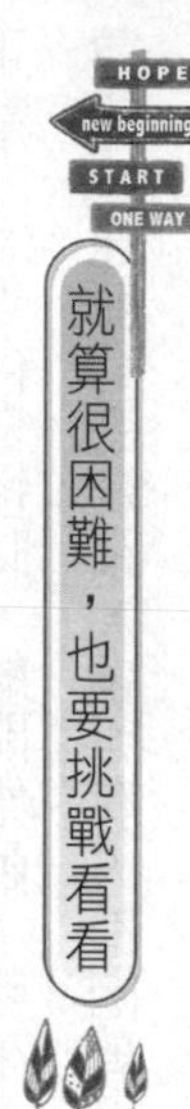

前陣子，日本有一位十二歲的小學生，發明了一種叫做「雨傘妖怪」的新玩意。那是一種雨傘裝置感應器，有民眾經過，就會自動開合，用來提醒人們別忘了帶走自己的雨傘。

促使他發明的最大原因，是人們最常遺忘的東西就是雨傘。

許多的發明，都是由不方便開始，因爲不方便，進而有了需求，有了需求才有之後便利的發明。

爲了尋求更好、更有效率的生活方式，人們不停地求進步。但是，這些進步並不是空穴來風，必須有幾個前提。

首先，你必須清楚知道自己的需要和動機。就像富爾頓爲了不那麼辛苦划船、小學生看見失物招領區滿滿是雨傘。

接著，你必須把握機會，讓這種需求變成強烈渴望，產生不辦到不行的壓迫感，才有動力去實行它。富爾頓和小學生並沒有放棄改善的念頭，反而鑽研如何做才能促進生活更加便利。

相信種種天馬行空的夢想，很多人都曾經想過，可是會認眞實行的人卻不多。過去，進入外太空被認爲是天方夜譚，可是誰能想到幾年後眞的實現了。就連隱形衣，也因爲科學家對光線折射研究的原理而被創造出來。

想得到成功，就必須讓你的需要獲得眞正的滿足，而不是流於空想。

過度關注反而容易犯錯誤

我們都不是「聖人」，面對壓力、挫折，必定會恐懼、擔憂。當思緒過於著重在情緒上時，反而更容易出差錯。

從前，在一個鐵礦山上，有一個小礦工被派去買油。離開前，礦裡的廚師交給他一個大碗，嚴厲地警告：「你一定要小心，我們最近財務狀況不太好，絕對不可以把油灑出來。」

小礦工答應後就下山進城去，到廚師指定的店裡買油。在回程路上，想到廚師兇惡的表情及嚴重的告誡，小礦工小心翼翼地端著裝滿油的大碗，一步一步地走在山路上，絲毫不敢左顧右盼。

很不幸的是，就在他在快到廚房門口時，因爲一直盯著大碗，沒注意地上的坑洞，一腳踩了進去，雖然沒有摔跤，卻灑掉三分之一的油。

小礦工非常懊惱，緊張得手開始發抖，無法把碗端穩。等到他走進廚房時，碗中的油只剩一半了。

廚師拿到油時，當然非常生氣，指著小礦工大罵：「你這個笨蛋！我不是說過要小心嗎？爲什麼還是浪費這麼多油，眞是氣死我了！」

小礦工聽了很難過，掉下眼淚，認爲自己一點用也沒有，連件小事也辦不好。一位老礦工了解事情的經過以後，先去安撫廚師的情緒，並私下對小礦工說：「你再去買一次油。但這次你在回程途中，必須留意身邊的人、事、物，並且將觀察結果對我做個報告。」

小礦工聽了馬上搖頭拒絕，強調自己連油都端不好，更不用說還要邊走邊看風景。但是在老礦工的堅持下，他只有勉強上路了。

在回來的途中，小礦工照著老礦工的叮嚀，開始留意周遭景色。這時他才發現，路上的風景眞是美，遠方看得到雄偉的山峰，又有農夫在梯田上耕種，還有一群小孩子在路邊的空地上玩得很開心，樹下坐著兩位老先生正在下棋。

這樣走走看看之餘，他不知不覺就回到礦山上了。當小礦工把油交給廚師時，發現碗裡的油滿滿的，一滴也沒有損失。

就算很困難，也要挑戰看看

所謂「有心栽花花不開，無心插柳柳成蔭」，想必很多人都有共同的經驗，萬全準備下完成的成果，卻不及隨手做出來的成績。

這不代表不用努力就有好成果，而是說明「太過努力」反而會弄巧成拙，有時候事情就該讓它自然發展、輕鬆面對。

我們都不是「聖人」，面對壓力、挫折，必定會恐懼、擔憂。當思緒過於著重在情緒上時，反而更容易出差錯。

這是因爲，我們希望自己能「一滴不漏」，不管在工作上、感情裡、人際關係中、婚姻之路等等都是如此。

因此，我們找出各式各樣的方法鞭策自己和他人，一旦事情不如預期，便「揠苗助長」，想將一切調回正軌，父母急於對子女說教、老公急於為錯誤辯解、員工耐不住衝動對老闆攤牌……

這些讓腎上腺激素倍增的「努力」，不能像火災現場般實用，反而容易讓事情一發不可收拾。因為太過努力，你的雙手會發顫、大腦會打結、嘴巴不受控制；因為太過努力，原本再過幾分鐘就能悶熟的「美食」，卻因為頻頻打開鍋蓋查看，失去了該有的風味。

該努力，更該讓事情自然發展。過度的關注，反而會事倍功半。

面對不如意，更要腳踏實地

我們常常在做一些自己不喜歡做的事，或許當下會埋怨、感嘆，但是只要肯踏實地努力，終能從中找到圓滿的地方。

泰國有個名叫奈哈松的人，一心想成爲大富翁，覺得成功的最快方式便是學會煉金術。他把全部的時間、金錢和精力都用在學習煉金術上。

不久，他花光了全部的積蓄，家中變得一貧如洗，連下一餐在哪裡都不知道，無奈的妻子只好跑到父母哪裡訴苦。

她的父母決定幫女婿改掉惡習，便對奈哈松說：「我們已經掌握了煉金術的技巧，只是現在還缺少煉金的東西。」

「快告訴我，還缺少什麼東西？」奈哈松焦急的問。

「我們需要三公斤從香蕉葉下搜集起來的白色絨毛，這些絨毛必須是取自你自己種的香蕉樹，等到收集完絨毛後，我們便告訴你煉金的方法。」

奈哈松回家後立即跑到荒廢多年的田地裡鬆土，然後種上香蕉。爲了盡快湊齊絨毛，他除了種在自家的田地外，還開墾了大量的荒地種香蕉。

香蕉成熟後，他小心地從每張香蕉葉下收刮白絨毛，他的妻子和兒女則抬著一串串香蕉到市場上去賣。

就這樣，十年過去了，他終於收集夠三公斤的絨毛。這天，他興奮地提著絨毛來到岳父母家中，向他們討教煉金之術。岳父母讓他打開院中的一間房門，他立即看到滿屋的黃金，妻子和兒女則站在房裡，妻子告訴他，這些金子都是他十年裡種香蕉得到的。

面對滿屋子實實在在的黃金，奈哈松恍然大悟。從此，他更努力工作，終於成了一個大富翁。

雖然奈哈松種香蕉的目的，是爲了取得白絨毛，好完成煉金術的夢想。但也因爲這份動力，讓他獲得一筆財富，並且知道了腳踏實地的重要性。在這段過程中，還有一個最重要的「寶物」，就是他並沒有爲了達成煉金術的夢想而失去家庭、妻子和孩子。

蘇格蘭宗教家湯瑪斯·格斯里曾經說過：「世界上最偉大的事業，都是一點一滴完成的。」

我們常常在做一些自己不喜歡做的事，可是也因爲這些事獲得意外的好處。人生中，難免有許多不完美的地方，或許當下會埋怨、感嘆，但是只要肯踏實地努力，終能從中找到圓滿的地方。

不怕犯錯，只怕不做

人都不免會犯錯，倘若因為害怕犯錯，讓自己做事綁手綁腳，便永遠無法突破現狀，因為這樣的沒有「冒險」的勇氣。

小張在美國拿到碩士學位後，應徵到一份不錯的工作。公司的業務蒸蒸日上，正迅速拓展，在良好的工作環境中，不但報酬佳，升遷的機會也多。先前擔任他這個職位的兩位美國佬，都已先後加薪升官，獨當一面去了。

一個異鄉人，能得到這麼好的工作，讓小張更是萬事小心。一年很快過去了，他並沒在工作上出任何差錯。

年終老闆召見小張，他心中不由漾起希望：「被提拔的兩位同仁，做滿一年，或多或少犯了幾件錯，而我……」

推開門，老闆的笑容顯得分外親切。

「張先生，你這一年的工作情形很好……」老闆瞄了下桌上的人事報告，頓了頓，調整一下語氣：「不過，公司要緊縮人事，這是件很不得已的事，想必你能諒解。依照規定，你可以領三個月的遣散費，相信你很快就會找到更好、更合適的工作。」

小張因這突如其來的震撼呆住了，不知所措的他還懷疑自己聽錯了話。停了好一陣，他終於提起勇氣反問道：「您的意思是說，我被開除了？我犯了什麼錯？還是……」說著說著小張的語氣不由得激動起來：「還是因爲我是華人，所以被歧視？」

「歧視」在強調保障工作機會平等的美國社會，是一項嚴重的控訴，老闆不得不重視這個問題。

「張先生，請不要激動。公司從幾百封應徵函裡選中了你，可見我們對華人絕對沒有歧視的意思。你確實沒犯什麼過錯。而事實上，就是因爲沒有犯錯，公司才這麼做。你知道，公司正在大力推展業務，需要獨當一面的人才。公司對於你的訓練、你的學識都算滿意，但是對於你做事的方式不能接受。」

「我們都知道，人就是人，不是神。人都不能免於犯錯。不犯錯的人只有兩種人：一種人不做不錯，只知道在現成的路上跟著別人走，有錯也讓別人犯，這種人或許不會犯錯，但也不會從嘗試、錯誤中求進步。另一種人不是不犯錯，而是犯了錯，都隱藏得很好，甚至強辯那不是錯。不管是哪一種『不犯錯的人』，都不是公司需要的。」

就算很困難，也要挑戰看看

世上的確沒有「不犯錯的人」，只有「選擇」不犯錯的人。人都不免會犯錯，倘若因為害怕犯錯，讓自己做事綁手綁腳，便永遠無法突破現狀。因為，這樣的人沒有「冒險」的勇氣，更不用說替自己製造「機會」，尋求成功的道路了。

「犯錯」並不可恥，糟糕的是，不肯正視自己的錯誤。

有些人選擇找藉口粉飾太平，這種人沒有承擔責任的勇氣。但是，有另一種人，比掩蓋錯誤的人更糟糕，那就是自我欺騙的人，不僅在外人面前掩飾，就連自己也蒙蔽了。

犯了錯別急著懊惱，這是讓自己成長的機會。只有面對它、解決它，你才能真正擁有它帶給你的無價之寶。

PART 8 發揮自己的實力，不輕易放棄

只要我們失意時也不放棄，將自己的實力發揮到極致，多一點信心再堅持一下，就能得到屬於自己的成功。

憑著傻勁，朝目標前進

誰說目標一定要崇高而偉大，有時候只是起於一股傻勁，一個天真單純的理由，就能讓自己踏上不凡的人生。

在其他小男孩跟隨生命的腳步漸漸成長時，他也正不斷成長茁壯。望著兒子不斷長高的身材，和一雙大腳板，父母除了高興之外，更多的是發愁。到哪裡爲他找到一雙合腳的鞋呢？

當時，父母爲了能替他找到一雙合腳的特大號鞋，幾乎走遍了上海的大街小巷，卻總是失望而歸。

這位身材高大的少年飽嚐了「穿小鞋」的滋味。有一回，父母咬緊牙根，

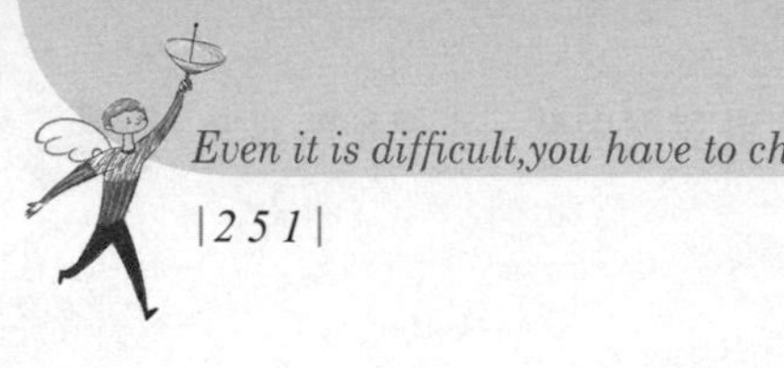

花了近一百美元，託一位遠在美國的親友爲他郵購一雙NIKE球鞋。

對於並不寬裕的家境而言，這雙價值不菲的NIKE牌球鞋簡直是奢侈品。因此，他如獲至寶，備加珍惜。即使隨著年齡增長，這雙鞋已經穿得又破又爛，也一直捨不得丟棄。

後來，他憑著超人的身高優勢進入東方男籃俱樂部打球。當時該隊正好獲得NIKE公司的贊助，但贊助的對象只限於一線隊員。

還只是集訓選手身分的他便暗下決心，一定要努力訓練自己，無論如何都要打進一軍。只要進了一軍，就不愁沒合腳的鞋穿，父母也不用再爲了替他尋找鞋子而發愁了。

他就是曾經讓華人引以爲榮的籃球明星姚明。不是爲了拿冠軍，更不是爲了加盟NBA。最初，他的努力，只是爲了擁有一雙合腳的鞋。

有句話說：「成功屬於有傻勁的人，因為絕頂聰明的人不會去做傻事。」

在脫離童言童語的年紀後，許多人的夢想已不再天眞單純。然而，還是有許多人爲了實現幼時的夢想，憑著一股傻勁努力，最後終於走向成功之路。

例如聞名全球的知名導演史蒂芬·史匹柏，他拍攝的電影既瘋狂又迷人，然而早期的電影環境卻不能認同他的想法。可是，就因爲一股傻勁，一個想拍出「一些不可能的事」的瘋狂理由，吸引了一群同樣瘋狂的人支持他，才讓我們有大飽眼福的機會。

又如電影界重量級的演員周潤發，在投身演藝事業時，曾是美麗華酒店的服務生。他的工作就是替客人搬行李，洗車等清潔工之時。

有一天，一輛豪華的勞斯萊斯轎車停在酒店門口，車主下車之後吩咐了一聲：「把車洗一洗。」

那時中學剛畢業的周潤發，沒見過什麼世面，看見這麼漂亮的車子，不免有幾分驚喜。他邊洗邊欣賞這輛車，將車清洗乾淨之後，忍不住拉開車門，想上去享受一番。

想當然耳，他被領班斥責、阻止了。

周潤發從此在心中發誓：「這一輩子我不但要坐上勞斯萊斯，還要擁有自己的勞斯萊斯！」

周潤發的決心是如此強烈，這成了他人生的奮鬥目標。許多年以後，當他紅遍天下，風光十足時，一連買了五部轎車！

查理德斐爾爵士曾說：「目標的堅定是性格中最必要的力量泉源，也是成功的利器之一。沒有它，天才也會在矛盾無定的迷徑中徒勞無功。」

但是，誰說目標一定要崇高而偉大？有時候只是起於一股傻勁，一個天眞單純的理由，就能讓自己踏上不凡的人生。

面對困境，更需要耐性

理性來自於耐性的緩衝，好讓自己有多一點思考空間。否則，只有衝勁卻沒有計劃，只會撞得滿頭包。

喬治在英國倫敦大學修讀工商管理科期間，曾經參與倫敦大學的專業論文評選。他的論文被一些在英國企業界頗有聲望的成功人士看好，英國皇家某大公司的總裁因此親自點名，要他參加該公司一年一度的職位競選。

喬治在詳細閱讀該公司的簡介以及空缺的職位以後，決定投入競爭較為激烈的總裁助理一職。

面試答辯等程序全部完畢以後，喬治和另外四個對手進入了最後的決選。

決選分兩個步驟，第一步是做出上任第一天的工作安排。喬治在國內曾在某行政單位做過管理工作，因此以他完美的思維和東方人的謙虛美德贏得了讚賞，結果他和另一位年輕的選手勝出。

第二步考查他們的內容竟然是賽車，在接到那把車鑰匙之前，喬治絕對想不到第二關的內容是毫不相關的東西。

還好他的開車技術不錯，很快就超越對手。不幸的是，他們的路線出現了堵車的狀況，喬治等了一會兒，看到對手的車也從後面跟了上來，爲了能盡快甩下對手，他看了看地圖，把車掉頭，往另外一條較遠的路行駛，那位對手則是耐心地等到塞車結束。喬治因爲繞得太遠了，當他終於抵達目的地時，對手早已到達，他因此被公司淘汰了。

事後，總裁對他這麼說：「你的性格在駕車時已經流露出來，一個人能有耐心地等塞車狀況解除，那麼他在工作中即使遇到危機，也能理性解決。自我控制和堅守原則這兩項特質，對於總裁助理這個職位很重要，希望你能眞正明白自己失敗的原因。」

喬治後來語重心長地對朋友說：「其實我不是因爲賽車輸了才被淘汰，我是被自己淘汰的。」

就算很困難，也要挑戰看看

西洋有句廣爲流傳的俗諺：「寧可慢些，也不要太急而出錯；寧可笨些，也不要太巧而敗事。」

曾搭過某位「沒耐性」先生開的車，當時正好碰下班塞車潮，「沒耐性」先生被困在A車道裡動彈不得，眼看著B車道的車正緩緩前進，他便想盡辦法鑽進B車道裡。

然而，當他進入B車道後，A車道竟然開始動了起來，反而是B車道進入停止狀態。「沒耐性」先生當然無法忍受這樣的情況，又費盡心力鑽進A車道，結果又塞住了。

這樣的情況反覆了十幾次，「沒耐性」先生就是不肯耐心在其中一個車道多等幾分鐘。眼看身邊的車雖然行進緩慢，但也一台台通過路口，只有我們的車還困在車陣中。

有些工作需要衝勁和熱血，考慮太多、猶豫太久反而會誤了時機；有些工作則需要深思熟慮，經過再三衡量才可以做出決定。

若喬治應徵的工作是開發部門，相信他就能夠雀屏中選，因爲他懂得變通，而不是死守著崗位。但他應徵的是總裁助理，這個職位顧名思義就是輔佐總裁處理大小事。擔任這項要務的人，當然必須具備一顆冷靜的心，才能用理性的眼睛來看各種狀況，提醒總裁忽略的地方。

這兩種類型看似不同，其實都需要理性來判斷。

理性來自於耐性的緩衝，好讓自己有多一點思考空間。否則，只有衝勁卻沒有計劃，只會撞得滿頭包。

解決實際問題，克服一時失意

只有能幫人解決實際的問題，才是最好的幫助。問題無關輕重，解決不分大小，只要來得巧，做得好，就是最好的幫助。

二十世紀五〇年代初期，有個叫丹尼爾的年輕人，從美國西部一個偏僻的山村來到紐約。他對自己發誓一定要闖出一片屬於自己的天空。

對於學歷不高的丹尼爾來說，要想在這座城市裡找到一份稱心如意的工作，簡直比登天還難，他被多家公司拒絕過。

就在他心灰意冷之際，幸運地接到一家日用品公司的面試通知。他興沖沖地前往面試，但是面對主考官有關各種商品的性能以及如何使用等問題，他連

一句話也答不出來。

眼看唯一的機會就要消失，丹尼爾忍不住問：「請問閣下，你們到底需要什麼樣的人才？」

主考官微笑地看著丹尼爾，告訴他：「很簡單，我們需要能把倉庫裡的商品銷售出去的人。」

主考官的話，讓丹尼爾領悟到，每間公司需要的，不都是能夠幫助自己實際解決問題的人嗎？既然如此，何不主動尋找那些需要幫助的人？

不久，在當地一家報紙上，登出了一則頗爲奇特的啓事。文中有這樣一段話：「……謹以我本人人生信用作爲擔保，如果您或者貴公司遇到難處，如果您需要幫助，而我也正好具有這樣的能力可以給予幫助，我一定竭盡所能提供最優質的服務……」

這則並不起眼的啓事登出後，丹尼爾接到許多來自不同地區的求助電話和信件。原本只想找一份適合自己工作的丹尼爾，完全沒想到這則啓示會受到如此廣大的迴響。

老約翰為貓咪生下的小貓照顧不來而發愁，凱茜則為自己的寶貝女兒吵著要貓咪找不到賣主而著急；北邊一所小學急需大量鮮奶，而東邊的一處牧場卻奶源過剩……諸如此類的事情一一呈現在他面前。

丹尼爾將這些狀況整理分類，一一記錄下來，然後告訴那些需要幫助的人如何解決他們的難題。

同時，他也在一家需要市場推廣員的公司找到了適合自己的工作。不久，一些得到他幫助的人寄給他匯款，表示謝意。

丹尼爾因此靈機一動，辭了工作，註冊自己的公司，業務越做越大，很快就成為紐約最年輕的百萬富翁之一。

就算很困難，也要挑戰看看

當我們面臨問題，需要幫助時，若能及時得到援手，是再感激不盡了。如果這個援手確實解決了困境，更讓求助者輕鬆了不少，不必在求助過程中費力

指導，還得時時擔心。

男女關係有時也需要實際的幫助。還記得電影〈全民情聖〉中，威爾‧史密斯扮演愛情顧問提供的愛情服務嗎？

就是這樣的原理，腦筋動得快的業者推出掩護「外遇」的服務，幫忙偷腥的男女不被另一半察覺。除此之外，還有教導如何「外遇」的課程出現呢！這或許可以攀上本世紀最受客戶歡迎的行業之一了。

這反映出一個事實：只有能幫人解決實際的問題，才是最好的幫助。

眞心想幫助一個人，如果只有口頭上的安慰，不如化爲實際行動，想想怎麼做才能讓對方眞正得到「幫助」。就算問題不能完全解決，但也不是那種不痛不癢、千篇一律的加油和鼓勵。

問題無關輕重，解決不分大小，只要來得巧，做得好，就是最好的幫助。

用誠懇勤奮擺脫艱困

若是事業陷入瓶頸、事事都不順利，別太早沮喪、灰心，必須再加把勁，用自己的誠懇和勤奮彌補過來。

保險推銷員甘道夫年輕時，拜訪過一位很有名氣的書商。在他家裡，甘道夫看到許多徽章及獎盃，甘道夫問：「這些徽章和獎盃是如何得來的？」

「我曾獲得美國最佳書商的稱號。」

「你是如何成爲第一名的？」

「因爲我知道神奇的格言。」

「什麼神奇的格言？」

「我會向客戶說『我需要你的幫助』。當你誠心誠意地向別人求助時，沒有人會說『不』。」

「你要求什麼幫助？」

「我請他給我三個朋友的名字。」

甘道夫這才了解了這位先生當年成功的秘密，這位先生是向客戶索求三個推薦的名單。

爲什麼是三個而不是五個、十個呢？根據心理學家分析，人們習慣性用「三」來思考，此外，很少人有三個以上的好朋友。

一句「我需要你的幫助」的確幫了甘道夫許多忙，取得三個朋友的名字之後，甘道夫會向客戶進一步詢問他朋友的年齡、經濟狀況，然後在離開之前甘道夫會對客戶說：「你會在下週前與他們見面嗎？如果會的話，願不願意向他們提起我的名字？或者，你會不會介意我提到你的名字呢？我會用我與你接觸的方式與他們接觸。」

「我需要你的幫助」的確是一個好方法。甘道夫牢牢記住這句話，很多人

都願意提供這種微不足道的幫助，因此，他的客戶群逐漸擴大。

透過眞誠的交往與不懈的努力，甘道夫終於成爲歷史上第一位在一年內銷售超過十億美元壽險的成功人士。

就算很困難，也要挑戰看看

對於一個眞誠請求幫助的人，多數的人通常不會拒絕對方的要求。「提供三個名字」的做法，其實包含許多人性心理層面在其中。

想像一下，假使你碰上一個很誠懇的推銷員，甚至他和自己有某種程度上的交情，可是你並不需要那項商品時，你會怎麼做？想必是委婉地拒絕，可是更多人會選擇「將問題丟給另一個人」！

「要不然你去找某某人，他可能會需要這個東西！」當你這麼説時，多多少少減輕了內心的愧疚感。

書商和甘道夫的做法，正包含了這層人性面，他們提供人們一個「提供幫助」的管道，讓被推銷的人，就算不購買商品，也會覺得自己幫助了別人。

至於被提供爲名單上的人，有些可能正好需要，對這項商品有興趣；有些可能「以爲」提供者也購買商品，在「比較」的心理下，就眞的購買了；剩下的大概和提供者一樣，不購買，但是另外提供了三個名單。

當名單愈來愈長，購買商品的人也愈來愈多時，排在最早名單中未購買的人，在口耳相傳之下，也有可能會被影響而跟進。

誠懇的態度的確較能打動人心，讓人們願意助自己一臂之力。因此，若是事業陷入瓶頸、事事都不順利，別太早沮喪、灰心，必須再加把勁，用自己的誠懇和勤奮來彌補。

只想鑽漏洞，不可能成功

不論人生再怎麼失意、不順利，也不能偷懶不想努力，只想靠鑽漏洞討生活，這樣的人生不可能成功。

一六〇八年的某一天，英國國王詹姆士一世在宮中閒來無事，打算去皇家法院親自審理幾件案子解解悶，也順便體察一下民情。

國王來到法院後發現，今天負責審理普通訴訟案件的首席大法官是柯克爵士。更令國王意外的是，他想審理案件的要求竟被拒絕了。

「整個國家都在我的統治之下，區區一樁案件，竟然無權御駕親審，這是什麼道理？」國王滿臉不快，質問柯克大法官。

「陛下息怒，容臣稟報。陛下當然是國家的最高首腦，內政大事和外交方略，都由您親自審查。但是，陛下要親審案件這件事，卻是萬萬不可。」柯克雖然表現得很恭順，眼神中卻透露出堅定的精神。

「哈哈！國王不能審案，這倒是樁新鮮事。我的大法官閣下，我知道，吾國法律以理性爲依歸。你不讓我審案，顯然是認爲我天生愚笨，不及你和你的同僚們有理性囉。」國王話中帶刺。

柯克並不退讓，反而一板一眼地回答道：「不錯，上帝的確賦予陛下極其豐富的知識和無與倫比的天賦。但是，陛下對於英格蘭王國的法律並不精通。法官要處理的案件動輒涉及臣民的生命、財產，只有自然理性是不可能處理好的，更需要人工理性。法律是一門藝術，在一個人能夠獲得對它的認識之前，需要長期的學習和實踐。」

這雖然是四百多年前發生的事，但其中透露出的眞義，到今天都還適用。

或許你會說，一個尋常老百姓，只要奉公守法，哪裡會和法律扯上關係呢？其實，我們的生活中，時時刻刻都和法律有著密不可分的關係。

人生最重視的不外情、理、法三項要件。在「法」之中要講「理」，在「理」之中更不外乎「情」。尤其是在講究「人情味」的地方，只要一搬出「情」來，很多事都不得不妥協。

仔細回想看看，你是否因爲職位或所處位置的方便，而常被人提出無理的要求呢？例如你在銀行上班，在一堆人排隊等待時，出現某個「熟人」，仗著私交不抽號碼牌，要你先幫他處理事務，這時你該怎麼辦？

或者你跟某某長官熟識，甚至擁有處理人事的權力時，有人拜託你美言幾句，甚至私下「動手腳」袒護自己人，你又該如何？

諸如此類的事情，在生活中時常可見，造成的影響也有大有小。這卻是千古無法改變、約定成俗的社會現象。

我們不可能做到凡事都講法、說理，但是也要懂得保護自己。有些時候賣給別人一點「人情」，只要無傷大雅，都還可以接受。

可是，一旦所賣的「人情」會影響到大局，甚至一個不小心連自己都得扛上責任時，就得三思而後行了。

法律是一種藝術，如同人生之道，在理性和人情中必須拿捏最適當的尺度。可是若把它當成一種工具，專鑽漏洞使用，最終還是會害到自己。

不論人生再怎麼失意、不順利，也不能偷懶不想努力，只想靠鑽漏洞討生活，這樣的人生不可能成功。

即使得意，也不能忘了自己

人生失意的時候便要加倍努力，得意的時候同樣不能忘了努力、忘了自己。唯有低頭的麥穗，才是飽滿的。

小李的父親有位好朋友是國內知名畫家。小李每次去他家拜訪，都會遇上登門求教的年輕人，畫家朋友總是很有耐心地幫人看畫，給予建議，常常一指導就耗去了大半天。

對於有潛力的人，畫家還會熱心地推薦給藝術界及相關單位，這樣做更是花了他不少的時間和精力。

小李知道他的時間很寶貴，至於提攜後輩只是義務，並非絕對必要的事，

忍不住問他：「您何必這樣做呢？您隨便畫一幅畫就有幾萬塊的收入，受邀參加講座也有好幾千塊。不如多畫點畫，多接幾場演講，何必把時間浪費在這些小人物的身上呢？」

畫家愣了愣，然後笑著說：「我為你講個故事吧！」

畫家說，四十年前，有一個年輕人拿了自己的畫作來到大城市，想請一位自己景仰的畫家指點。那畫家看這年輕人是個無名小卒，連畫都沒打開，就說自己有事，下了逐客令。

那年輕人走到門口，轉過身說了一句話：「老師，您現在站在山頂，往下看我這個無名小卒，把我看得很渺小；但您也應該知道，我在山下往上看您，您也同樣很渺小！」說完轉身揚長而去。

因為這件事，讓年輕人更努力充實自己，最後總算有一點名氣。

說到這兒，小李便明白，當年那位連畫都來不及打開就被趕走的年輕人，就是他的畫家朋友啊！

最後，畫家畫了一幅畫送小李。那幅畫是一座山峰，山頂有一個人往下看，

山下有一個人往上看，兩個人果然是一樣大小的。

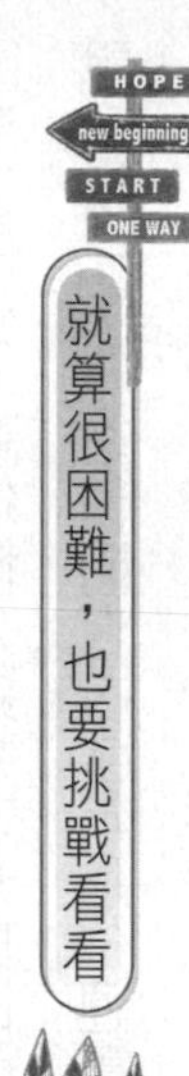

這個故事告訴我們，一個人的形象是否高大，並不在於他所處的位置，而在於他的人格、胸襟和修養。

能夠精通一門學問的確讓人敬佩，獲得他人的肯定之時也別忘了謙虛為懷。畢竟一個人的成功，絕對不是單靠自己的力量。

俄國作家托爾斯泰說：「一個人就像是一個分數。他的實際才能是分子，他對自己的評價是分母。分母愈大，則分數的值愈小。」

如果我們對自己的評價過高而忘我，不懂得繼續充實，反而會蓋過原有的能力。相反的，如果能為自己和別人打下客觀的分數，藉著幫助別人的機會更了解自己的實力，才能增加分子。

小李從畫家處獲得的，不僅僅是價值好幾萬的畫作，更珍貴的是畫家領悟

出來的人生之道：一個成功的人生、一部好作品的出現，是由生命中無數的事件，以及許許多多的「過客」共同成就的，因爲有他人給予的磨練和幫助，才能讓生命更精采。

不論得意或失意，都要保持純淨與謙恭，才能向上提升，就像俄國評論家別林斯基所說：「一切真正的和偉大的東西，都是淳樸而謙虛的。」

人生失意的時候便要加倍努力，得意的時候同樣不能忘了努力、忘了自己。唯有低頭的麥穗，才是飽滿的，它感謝上天賜予的陽光和雨水，盡己所能將自身的養分貢獻、回饋給大地萬物的生靈。

一味挑剔，不如學習改進

「挑剔」這樣的天性，或許是上蒼賜予人們追求進步的力量，因為愛「挑毛病」，所以才會不斷改進。

在一個遊客衆多的風景區，經常會看到許多街頭畫家在那兒兜售自己的藝術天分，爲客人們作畫。

有的攤子前只有零零落落的客人分散在前面，有的畫家攤前連一個人都沒有。當中，有一個矮小、不起眼的畫家生意出奇的好。他的畫攤周圍聚集了很多人，不僅觀賞他作畫，也在排隊等著他爲自己畫上一幅。

一天，某個同行對於這個情況感到十分好奇，他覺得自己的畫功不錯，但爲什麼總是沒有生意上門，於是他也擠進人群之中，想一探究竟。

「幫我也畫一幅吧！」一個沒耐性的年輕小夥子突然插隊，並一屁股坐到模特兒專用的小木椅上。

「他的衣著邋遢，尖嘴猴腮，看起來就很討人厭。」同行在心裡暗暗想著，「這副模樣還敢當衆請人爲自己作畫，難道不覺得丟臉嗎？」

畫家上上下下打量這個年輕小夥子，旁若無人異常專注。幾分鐘後，畫家示意小夥子調整身體位置以及眼神方向，待一切準備就緒之後，畫家便奮筆疾書，沒幾分鐘，一幅畫就交到小夥子的手上。

大家紛紛湊過來一睹爲快。哇！像極了！這的確是人們對年輕小夥子的第一印象，他有幾分神似日本某影星，畫中人物面容稜角分明，雙目炯炯，更讓他的特點突顯出來。

小夥子拿著畫作端詳了老半天，沒想到長相不出色的自己，在畫家筆下竟會有如此迷人的神韻。於是眉開眼笑，十分滿意地離去。

下一個客人是一個看起來很沒水準、腦滿腸肥的商人。在畫家筆下，他竟

變得慈眉善目、笑容可掬；另一個原來兇神惡煞的彪形大漢，在畫家筆下也變得豪放耿直，像個梁山好漢般令人敬畏。

這時，前來刺探敵情的畫家才恍然大悟。

這位瘦小畫家的高明之處就在於他總能用心捕捉被畫者的本質，然後將它發揚光大，因此他的畫作廣受到大家的歡迎。

就算很困難，也要挑戰看看

當人們問你對一個人、一件事的觀感時，十之八九在給予的看法中摻雜一兩個負面的聲音。這是因為人們都有一種潛在的天性——愛挑毛病。

當我們看到、聽到，想到任何事，無論再怎麼接近完美，總會有不滿意的地方。這樣的天性，或許是上蒼賜予人們追求進步的力量，因為愛「挑毛病」，所以才會不斷改進。

可是當這個「挑毛病」的習性過度發展，甚至成為「挑毛病專家」時，那可是一種大麻煩。因爲會當上「挑毛病專家」的人，必定過得非常不快樂。他看什麼都不順眼，什麼都不合他意。

就像那位生意不好畫家一樣，在他自負的「美感」眼中，每一個人都不完美，甚至是醜陋的，因此，他看不到在表象之下的「內在美」。

反觀瘦小的畫家之所以勝人一籌，就在於他能找出一個人最美的本質，並將它忠實地畫下來。

這其中的差距，不是畫功的高強，而是一個人有沒有欣賞他人美好之處的眼光，即使在不如意的情況下，仍能努力找出美善的部分。

別讓自己成爲一個「挑毛病專家」，在注意別人缺點時也別忘了觀察他的優點，該警惕的注意，該學習的牢記。

太得意，就會虛情假意

每個人都該有自己生活的格調和態度。若因為「錢」而讓自己喪失應有的人格，那麼縱使錢再多，也只是換來「虛情假意」的人生。

一群人圍著一輛高級跑車，伸長脖子往裡張望。轎車旁站著一身名牌西服的男人，焦急地對大夥喊：「你們誰能幫我爬到車底把螺絲轉緊嗎？」

他身旁那位打扮時髦的女子說：「做得到的有錢拿喲！」

於是，他趕緊掏出一張千元鈔票：「誰幫我轉緊這錢就是他的！」

一個小夥子動了一下，卻被他的同伴拉住了：「有錢人的話，信不得！」

過了一會兒，一個小孩走了過去，說：「我來吧。」

小孩在車主的指揮下很快就弄好了。爬出車後，他用期待的眼神看著車主。

車主正要把那張鈔票遞給小孩時，卻被車裡的女人斥喝住：「你還眞給他啊？給他一百塊就夠多了！」

車主從女人手裡接過一百元遞給小孩，小孩搖了搖頭。這時，人群中傳來噓聲，車主只好又加了一百，小孩子還是搖頭。車主生氣了，說：「你嫌少？再嫌，這兩百塊也不給你啦！」

「不，我沒有嫌少。我的老師說過，幫人是不要求報酬的！」

車主聽了不耐煩地說：「那你怎麼還不走？」

小孩認眞地回答：「我在等你跟我說謝謝！」

就算很困難，也要挑戰看看

一句簡單的「謝謝」這種基本的禮貌，車主卻一點也不懂！因爲他已經將生活「物化」，認爲所有事，只要用「錢」就能解決，甚至有錢就可以欺負弱

小，說話不算話。這是一件可悲的事，因爲對他來說，人生中沒有眞摯的感情、眞心的付出、眞正關懷自己的人。眞正擁有的、代表自己的一切，大概只剩下名片上的地位和頭銜。

聞名世界的德國音樂大師路易·貝多芬有個弟弟叫約翰·貝多芬。兄弟倆雖然是同一個媽媽所生，個性卻迥然不同。一個是藝術的熱衷者，一個則是愛錢如命的市儈。

一八二三年，約翰在美國發了橫財，並買了一大塊土地。這位自命不凡的富翁便得意地給他的哥哥送上一張名片，炫耀自己的富有。名片上大大地印上「約翰·貝多芬，土地的所有者。」

名片很快就送到貝多芬手裡。大藝術家看到這張名片，對弟弟的富有不屑一顧。他從容地提筆，題上了幾個字：「路易·貝多芬，智力的所有者。」然後，派人將名片送回弟弟那裡。

有錢人的態度之所以讓人不屑，並非「有錢」所致，而是「有錢」讓他以爲自己就有權利發揮那些潛藏在心中的「惡習」。

「強欺弱」這種觀念一直存在人們的心中，只是以不同的形式表達出來。在這個物質社會裡，擁有較多「生存」條件的人，也擁有優勢。因此，鈔票、資產多的人，所表現出的態度也會較爲強勢。這在弱肉強食的生物競爭中，似乎是很平常的事。

然而，將這些「資產」當作勢力眼、瞧不起別人的利器，自以爲高人一等，該享有特別待遇條件的人，明顯是是個人修爲出了問題。很可惜的是，許多像約翰．貝多芬這類的人不少，以爲「錢」就能代表一切，就應獲得他人的尊敬。殊不知，光是有錢是買不到尊敬的。

「錢」是拿來用的。有些人的錢多、有些人少，但是每個人都該有自己生活的格調和態度。若因爲「錢」而讓自己喪失應有的人格，那麼縱使錢再多，也只是換來「虛情假意」的人生。

多思考，才能避免上當

要騙人很容易，可是要不被騙卻很難。我們應該對聽到、看到的事情多加思考，才能避免上當受騙。

塔諾普爾城住著一個名叫費威爾的人。有一天，他正在屋子裡認眞地看書，忽然聽到外面一陣吵鬧聲。

他走到窗前，看到一大群孩子在玩，想把他們趕走，於是打開窗子對孩子們說：「孩子們，快到教堂那裡去吧。你們在那兒會看見一隻海怪。牠有五隻腳、三隻眼睛，還有像山羊一般的鬍子，不過是綠色的！」

孩子們一聽這話馬上就跑了，費威爾先生回到書房，一想到剛才對那些對

孩子編的瞎話，不禁偷偷地發笑。

可是不久之後，他短暫的寧靜又被打破了，這回是一陣奔跑的腳步聲。他走到窗前，看見許多人往同一個方向跑。

「你們要跑到哪兒啊？」他大聲地問。

「去教堂！」猶太人回答說，「你沒聽說嗎？那兒有隻海怪，有五隻腳、三隻眼睛，還有像山羊一般的鬍子，不過是綠色的。」

費威爾先生得意地笑了笑，沒想到他亂編的話，竟然連猶太人都相信了，於是他又回去讀自己的書。

才剛剛坐下，又聽到外面一陣喧鬧聲。他往窗外一望，不得了啦，一大群人，男男女女，老老少少，全都往教堂的方向跑。

「出了什麼事？」他大聲問道。

「天哪！怎麼，你還不知道嗎？」他們回答說：「就在教堂前面有一隻海怪。牠有五隻腳、三隻眼睛，還有像山羊一般的鬍子，不過是綠色的！」

人們匆匆跑過，費威爾先生忽然注意到拉比本人也在人群當中。

「天哪！」他喊道：「要是拉比也和他們一塊兒跑的話，一定是眞的出什麼事了，畢竟無風不起浪。」

費威爾先生慌忙地抓起帽子離開家門，也跟著跑了起來。

就算很困難，也要挑戰看看

在基督教的《馬可福音》中，「拉比」就是「夫子」，也就是「老師」的意思。這也是爲什麼費威爾會被自己編出來的謊言欺騙的原因。

如果仔細觀察社會案件中，連知識分子都會受騙的詐欺案，往往有幾項特徵，除了最常見的貪小便宜外，就是攀權富貴和以貌取人的心理。

人總希望獲得他人的尊敬，提升自己的地位。因此，認識一個上流社會的名人，就算不能從他身上得到什麼好處，好歹也能將名字拿來撐場面，說些「我認識某某人」之類的話。也因此，有些人很喜歡跟名人合照，然後高掛在辦公室或是家中客廳。

再來，人喜歡以貌取人，只要適當的打扮，談吐上再下些功夫，就可以簡單地將別人唬得一愣一愣。

曾聽過一個阿婆在受騙後說：「他說他在某公司當經理，這樣的人的應該不會騙人吧。」當然，這又是個利用人性的欺騙手段，只要穿著西裝、打上領帶，再隨便說間大公司的名號，就能夠獲得他人尊敬了。

謊言說久了，就會變成眞的，若再加上有力人士的再三保證，簡直無懈可擊。更可怕的是，連說出謊言的人也會被自己催眠，對自己胡說的話也堅信不疑，這或許就是一種自欺欺人吧。

要騙人很容易，可是要不被騙卻很難。我們應該對聽到、看到的事情多加思考，才能避免上當受騙。

PART 9

每一個經歷 都可能是生命的轉機

天底下或許有白走的路，但是不會有白流的血和汗。要珍惜每一個寶貴的經歷，因為那都是人生最好的履歷。

面對壞情緒，記得給自己鼓勵

當你感到壓力來臨時，不妨靜下來幾分鐘，把你要面對的工作分成一小段、一小段，每完成一段，就給自己一個鼓勵。

蘭迪曾經對妻子沙倫說過一句饒富深意的話：「道路和人一樣也有個性，端看妳如何看待它，感覺它。」

擔任中學籃球教練，同時也是一位馬拉松運動員的蘭迪，卻在執教二十五年時得了癌症。為了蘭迪的化療，他們有長達四年的時間必須時常往返於家與史丹福大學醫療中心一百五十公里的路程。

去醫院必須經過一條讓人難以忍受的路面，沙倫尤其討厭那段擁擠不堪的瓶頸式雙車道，可是蘭迪從來沒有抱怨過，即使他的健康狀況每況愈下。沙倫別無選擇，只能繼續來回這條道路，每當丈夫被注射嗎啡睡在車上時，她總是緊咬牙關，死死握著方向盤，肺都快氣炸了。

有一次，他們又被堵在路上，沙倫以為蘭迪已經睡著了，低聲咕噥：「我恨這條該死的路。」

「只有六公里。」蘭迪輕聲說道。

沙倫轉過身去看蘭迪，但他的眼睛卻是閉著的。

「你剛剛說什麼？」沙倫問道。

「這段路只有六公里長。」他的聲音很平靜，好像在對學生說話一樣循循善誘，「沒什麼大不了的。在這六公里路程裡，妳可以做任何事。」

沙倫看了一下里程表，蘭迪說得對，路程只有六公里，她卻一直相信它足足有三十公里。頓時，沙倫突然覺得開起車輕鬆多了。

六公里是可以接受的。這是他們晚上步行到海邊往返的距離，是背著孩子攀登的那條山路長度的一半，是到公園的四倍距離，是在大瑟爾國際馬拉松賽

上跑過的四十二公里中的一小段。

六公里眞的沒什麼，尤其是蘭迪的生命只剩幾個月的時候，牢騷和憤怒眞是不明智的事，所以，她停止了抱怨。

去醫院的路上，大多數時間沙倫只注意到厭惡的感覺。這次，她開始眞正用眼睛去看：綠色的田野在太陽下閃爍，道路兩旁擺放著成筐的草莓和玫瑰，破舊的小屋倒映在佈滿水藻綠的池塘裡，一匹不再也不能自由馳騁的老白馬羨慕地注視著大道上汽車飛馳而去。

就算很困難，也要挑戰看看

即將失去最愛的人的確讓人心碎，也因爲這樣，人的情緒更容易處於混亂之中。可是，蘭迪卻能平靜面對自己的病，並教導沙倫，這個世界上還有許多美好的事物，只要她能調整自己的心態，重新看待。

當壓力來臨時，都會有警訊出現。我們的心會感到浮躁，看什麼都不順

眼，甚至容易挑別人的毛病。

這時候的自己就像一隻刺蝟，令人難以靠近，還會「防禦性」地傷人，特別容易與人發生爭執，微不足道的小事都會變成頭條新聞。就像沙倫會將六公里的路程看成三十公里，是因爲她的心早已被一堆瑣事混亂了。直到蘭迪提醒了她，才讓她眞正打開心靈的眼睛，注意到自己陷入情緒的漩渦中。

造成情緒低落的原因通常不只一種，而且是長期累積而來，或許我們無法一次將它紓解，但是可以一段一段調整。就像沙倫重新看待這段難熬的路程，把它視爲生活中的一小段路，就會發現其實它並沒有想像中痛苦。

從今天起，當你感到壓力來臨、情緒浮動的警訊時，不妨靜下來幾分鐘，把你要面對的工作分成一小段、一小段，每完成一段，就給自己一個鼓勵。相信這樣可以幫助你面對混亂的情緒和工作狀況。

每一個經歷都可能是生命的轉機

天底下或許有白走的路，但是不會有白流的血和汗。要珍惜每一個寶貴的經歷，因為那都是人生最好的履歷。

有個鄉下人整天夢想著發財，一天夜裡，他夢見神對他說：「如果你想發財，得去城裡一趟，在那裡，你能找到金幣。」

從鄉下到城裡，需要翻越五座大山、八條大川，還得跋涉過好幾公里的蠻荒叢林，才可以順利進城。

鄉下人內心百感交集，這一趟路可不好走，他怕自己還沒有走到一半就已經客死異鄉了。但是，如果不去，這輩子恐怕再也沒有發財的機會！

再三考慮之下，最後他還是決定冒險前行。

經歷千辛萬苦之後，鄉下人總算來到了夢寐以求的城市。沒想到，才剛進了城門，他身上所有的盤纏就都被土匪搶走了。

身無分文的鄉下人在城裡流浪，好不容易遇到一位願意伸出援手的好心人，熱心地提供食物給他吃。

好心人問他：「你到城裡來做什麼？」

鄉下人誠實地回答：「因爲，我夢見神仙對我說，到這裡來，就可以找到成千上萬的金幣。」

那人聽了，哈哈大笑了起來，對他說：「這你也相信！我還經常做夢，說我在鄉下有個房子，房子的後面有個水井，水井邊圍繞著七顆大樹，而水井底下滿滿都是金幣呢！這年頭兵荒馬亂的，留在城裡不安全，我看你還是趕快回到鄉下去，踏踏實實地種田過日子，別再做白日夢了！」

鄉下人聽得目瞪口呆，那位善心人士形容的水井和大樹，跟他家後院的樣子一模一樣啊！

鄉下人連忙趕回家鄉，果眞在水井底下挖出了成千上萬的金幣。

有人說，他這一趟路眞是白跑了，想不到奔走了那麼多天，金幣就在自己家後院啊。但是，換個角度想想，如果他沒有費盡心力跋涉到城裡，又怎麼會知道這個秘密呢？

就算很困難，也要挑戰看看

你是否也有過這種經驗，上班到了一半，突然興起一股不知道自己究竟爲什麼而忙碌的感慨？讀書讀到一半，是否也會忽然感到迷惘，不知道自己讀這些書到底要做什麼？

的確，我們大部分的時間都是在做白工，大部分的努力都得不到回報，人生有很長一段歲月，都是茫茫然地度過。

但是，正因爲有了這段時間的沉澱，正因爲有了這些經驗的累積，才能造就出未來那個完整的自己。

也許我們最終的目的地和當初設定的一點也不同，但是只要我們願意努力，願意付出，願意為那遙不可及的夢想打拼奮鬥，最後上天也一定會以豐盛的果實來回報我們。

天底下或許有白走的路，但是不會有白流的血和汗。每一滴眼淚，都能使我們成長；每一滴汗水，都能給我們智慧；每一個經歷，都可能是生命的轉機。

也許你正在繞圈子，也許你正在走冤枉路，但是仍然要珍惜每一個寶貴的經歷，因為那都是人生最好的履歷。

用好成績贏得肯定

只要不被孤獨擊倒，堅持奮鬥到最後一刻，必能發現生命的轉機，結出甜美的果實，贏得眾人的掌聲。

小英家前面有塊空地，不知道從什麼時候開始，空地的中央多了一棵樹。小小的樹幹，小小的樹苗，看不出來是什麼樹。奶奶說，這是一棵棗子樹，因爲她記得小時候家裡的後院也有一棵長相類似的樹，那棵樹是棗樹，所以這一棵樹也應該八九不離十。

等到這棵樹長滿了樹葉以後，爸爸說，這是一棵李子樹。因爲，他大學的時候參加過園藝社，認得李子樹的葉子就是長這樣！

日復一日，全家人期盼著李子樹長大，等著吃最新鮮的李子。

就在小英上幼稚園的那一天，李子樹開花了，正逢外公從鄉下上來，望著屋前的樹說：「這棵櫻桃樹開花開得多麼茂盛啊。」

「不，這怎麼會是櫻桃樹？這是一棵李子樹啊。」爸爸急忙出言糾正。

但是，爺爺卻很肯定自己的眼光，他說：「我活了這麼大把年紀，什麼樹沒有見過？這肯定是一棵櫻桃樹。」

啊，被胡亂叫了三年的李子樹，原來竟是一棵櫻桃樹！

只是，不知道是不是因爲氣候的關係，這棵櫻桃樹一直沒有結出鮮紅的櫻桃來。等到小英上了小學，每天從學校帶回更多奇奇怪怪的問題以後，再也沒有人關心這棵樹是什麼樹了。

一天，有家建設公司的工程師來到這裡，敲敲小英家的門，問說：「請問門口那棵核桃樹是你們家的嗎？」

明明是櫻桃樹，什麼時候變成核桃樹了？

小英很不開心地說：「那棵樹我們家的，不過，那是一棵櫻桃樹。」

「櫻桃樹？怎麼可能會是櫻桃樹？雖然我沒見過櫻桃樹，但是我可是吃過櫻桃的啊。妳抬頭看看樹梢上，分明掛著一顆核桃啊。」

小英順著工程師的手指往上一瞧，樹梢上確實掛著小小一顆核桃。

經過這麼多年的誤會，這顆核桃樹終於用它的果實，無言地向世人說明了它真正的身分。倘若不是這枚小小果實的出現，恐怕這個世界上永遠也不會有人真正認識它。

就算很困難，也要挑戰看看

面對生命中的不景氣，或許，我們更應該牢記這個簡單的道理：樹木尚且需要靠結出來的果實證明自己，人又何嘗不需要付出一些努力來展現自己的能力呢？

除非你做出成績來，否則別奢望得到別人的肯定。

我們常常怪別人不了解我們，抱怨自己懷才不遇，追根究柢，其實是因爲我們沒有好好呈現出自己的果實。

不會有人因爲你的努力而讚美你，更不會有人因爲你的成長而誇獎你，人們只會用你交出來的成績來評價你。

英國作家哈代曾寫道：「那些躲在角落裡，被人忽視的人，縱使錯過了許多顯著的機會，但總還會有一些特別的際遇，使自己重新獲得大家的重視。」

在奮鬥的道路上、成長的過程中，我們往往會感到孤獨。但是，只要不被孤獨擊倒，堅持奮鬥到最後一刻，必然能發現生命的轉機，結出甜美的果實，贏得衆人的掌聲。

不必懷疑，每個成功的人都是這樣熬過來的。

決定錯誤，也許有另外的好處

有時候，錯的決定也可能會造就出好的事情。或許在你懊悔的同時，有人正因為你的損失而得到了更大的幸福呢！

一對衣著樸素的夫婦來到哈佛大學的校長辦公室，對校長說：「對不起，打擾您幾分鐘的時間，我們有一些事情想要和您商量。我們的兒子在哈佛大學讀了一年書，他愛這個學校，經常告訴我們他在這裡有多快樂。」

「這是當然的，哈佛是一所很棒的學校，幾乎所有哈佛的學生都會愛哈佛大學。」校長顯然對這對夫婦說的話沒有什麼興趣。

這名女士接著說：「可是，很不幸，我們的兒子在一年多以前，發生意外

去世了，再也無法在這所他最愛的學校裡生活。」

「喔，很遺憾，夫人。」

「我的丈夫和我想要在學校的某個地方為他設立一個紀念物。」

「這是不可能的，夫人！」校長直接反應說：「妳知道，我們不可能為每一個進入哈佛大學後死去的學生豎立紀念碑。如果這麼做，哈佛大學不就成為公墓了嗎？」

「喔，對不起。先生！」女士趕忙解釋道：「我們也想過這樣的情況，所以並不打算豎立一尊雕像，而是希望可以為我們的兒子在校內建一棟樓。」

「哇，一棟樓！」校長望著這對夫婦簡陋的衣著說：「你們知道建一棟樓要花費多少錢嗎？別開玩笑了！」

校長真的不明白眼前這對夫婦腦子裡裝的是什麼，他們看起來像是鄉巴佬，但也未免太沒有見過世面了，校長趕緊吩咐秘書進到辦公室來，幫他把這對天真的夫婦打發走。

這對夫婦帶著失望的心情，離開了哈佛大學。

回家的路上，妻子無奈之餘，忽然想到了一個好主意，對丈夫說：「親愛的，反正都要花一樣的錢，爲什麼不乾脆建立一所我們自己的學校呢？」

「說得也是。」她的丈夫點了點頭。

於是，他們離開波士頓，去了加州。在那裡，他們建立了以兒子的名字命名的學校，叫做「史丹佛大學」。

大部分的人看了這則故事以後都會覺得：這個哈佛大學的校長眞是狗眼看人低，就是因爲他膚淺地以貌取人，才會把找上門來的財神爺送走，哈佛的損失全是他自作自受！

但是，換個角度來看，哈佛大學的校長其實做出了一個最明智的決定。要不是他拒絕了這對夫妻的要求，這個世界上又怎麼會多了一間學校，而不只是一棟樓而已呢？

對哈佛大學來說，這或許是一筆很大的損失，但是對整個社會來說，這可是個天大的好消息。

有時候，錯的決定也可能會造就出好的事情。

下一次，當你因爲錯誤決定而蒙受損失時，請不要太難過。或許在你懊悔的同時，有人正因爲你的損失而得到了更大的幸福呢！這不也是另外一種「犧牲小我，完成大我」的偉大情操嗎？

我們應該要替別人高興，如此也能把自己的遺憾減到最低。

別用自己的想像掩蓋真相

幾乎所有人都要等到真正犯了錯之後，才能從中汲取教訓，也正因為有過受騙的經驗，才能更加了解自己個性上的弱點。

一個馬戲團團長走進一家酒吧，發現幾乎所有人都擠在一張小桌子旁，觀看一個奇特的表演。

只見桌子上擺了一只倒扣的鐵罐子，一隻鴨子在罐子上面跳著踢踏舞。

馬戲團團長一看到這副景象，立刻下定決心，說什麼也要把這隻才華洋溢的鴨子網羅到自己旗下。

他向鴨子的主人要求買下這隻鴨子。

經過一番討價還價，最後以一萬美元的天價成交，馬戲團團長高高興興地把鴨子帶回家去了。

只是，三天之後，馬戲團團長卻生氣地跑回酒吧，向賣鴨子的人咆哮說：「你的鴨子根本就不值錢！昨天演出的時候，我當著所有觀眾的面把牠放在罐子上，牠卻一動也不動，和一隻普通的鴨子沒兩樣！」

「這就奇怪了。」鴨子的前任主人對團長說：「對了，你是不是忘了在罐子底下點根蠟燭？」

就算很困難，也要挑戰看看

很多時候，不是人家出了什麼高招騙你，而是你自己用想像遮蓋了真相，一廂情願自投羅網。

別人騙你，頂多只是誇大其詞，但若是你自己見獵心喜，把事情想像得太美好，則會蒙蔽事實。

別人騙你，多半還有跡可循，但是當你自己騙自己的時候，就算證據擺在眼前，也會視而不見。

幾乎所有人都要等到眞正犯了錯之後，才能從中汲取教訓，也正因爲有過受騙的經驗，才能更加了解自己個性上的弱點。

但只要你能從中領略一些道理，這就不是糟糕的事。

英國作家約翰遜告訴我們：「最明亮的火焰是由意外的火花點燃的。人生道路上不時散發的芳香花朵，也是由於偶然掉落的種子自然生長起來的。」

想起自己曾經吃過的虧，或許你會覺得心有不甘、心痛如絞，但是不妨把此次吃的虧當作「繳學費」，日後倘若碰到類似的事件，便不會再讓人有機會騙你，也不會再被自己的想像，掩蓋了眞相。

掌握局勢，可以從中得利

只要能認清局面，就能掌握大局，不管陷入怎樣的處境，都可以輕易化解，甚至從中得利。

戰國時，楚國攻打韓國，韓國向周求兵求糧，周王為此感到非常憂慮，便找來大臣蘇代商量對策。

蘇代說：「大王何必為此事煩惱呢？臣有一計，不但可以使韓國不向周求援，而且還可以讓大王您得到韓國的高都。」

「此話當眞？這眞是太神奇了！」周王聞後大喜，說道：「如果你眞的能夠做到，那麼我以後就把整個國家都交由你治理。」

隔天一早，蘇代就前往韓國拜見相國公仲侈，對他說：「您難道不了解楚國的計策嗎？楚國的主將當初曾對楚王說：『韓國常年疲於兵禍，因而糧庫空虛，沒有能力守住城池。所以我要趁韓國鬧飢荒的時候，率兵征討韓國，我想，不到一個月，就可以攻下城池。』當初，楚國只打算花一個月的時間來作戰，如今戰事已經延長到五個月了，楚國尚且沒有達到目的，這說明楚軍已經處境困窘，準備要打道回府。若您現在向周徵調兵糧，無疑是告訴楚國韓國已經兵疲馬困。您想一想，換做您是楚王，會不會趁此放手一搏，派更多的兵馬來向韓國做最後一擊呢？」

蘇代話鋒一轉，接著又信心滿滿地說：「既然您的處境如此堪慮，何不把高都之地送給周呢？」

「這怎麼可能！」相國公生氣地說：「我不向周徵兵徵糧，就已經很不錯了，爲什麼還要把高都送給周呢？」

蘇代解釋說：「您把高都送給周，代表周和韓國關係非常友好，其他的國家知道這件事以後，必定會非常生氣，遷怒到周身上，與周絕交。如此一來，

周再無其他盟友，只能和韓國往來，您想想看，周雖然得到了您們國家的高都，但是您們國家卻得到了整個周啊。用一個破爛的城池換取一個完整的國家，閣下何樂而不為呢？」

相國公聽了，非常高興，立刻答應了蘇代的要求。蘇代因而達成了使命，同時保全了周和韓國這兩個國家。

就算很困難，也要挑戰看看

作家公孫龍策在《有點奸詐不犯法》系列著作裡告訴我們一個重要觀念：「在人生的道路上，危機和契機往往是相伴而行的。能不能化危機為轉機，就看你是否能掌握事情的關鍵，是否擁有足夠的洞察力和推理能力。」

蘇代的這步險棋之所以能夠奏效，是因為他懂得「骨牌效應」，掌握了事物的整體性、關聯性。

很多看似不可能的任務，都是從第一塊骨牌開始推倒的。

一件小事情的發生，可以引起一連串的連鎖反應，重要的是，你是否正確掌握了第一塊骨牌？

推敲、計算、沙盤推演的能力，很多人都有，大部分人缺乏的，反而是看清楚局勢的眼光。

推倒骨牌很容易，但是要找出第一塊骨牌是什麼卻很難。

當你疑惑著爲什麼事情的發展不如預期時，請回過頭來想想，是盤算的過程中出了問題，還是根本看錯了整個情勢？

只要能認清局面，就能掌握大局，不管陷入怎樣的處境，都可以輕易化解，甚至從中得利。

闡明危機，便能達到目的

當你希望別人遵從你的指示時，只要提供他更糟糕、更危險的選擇，讓他從兩條路當中選一條路走就對了。

戰國末年，燕王想和秦國修好，共同抵抗趙國。

爲了表現誠意，燕王主動派太子丹到秦國當人質，還希望秦國派一位大臣到燕國做丞相，好輔佐自己討伐趙國。

至於這名丞相的人選，秦王和呂不韋皆屬意張唐到燕國爲相。

但是張唐本人卻因爲自己立功無數，不願意離鄉背井到燕國任人使喚，硬是拒絕了前來勸說的呂不韋。

受到拒絕的呂不韋非常不高興，他家裡有個年僅十二歲的門客甘羅見狀，立刻主動請纓說：「區區這點小事，就交給小人去辦吧。」

呂不韋雖然不相信這個小夥子能變出什麼花樣，但是讓他試試也無妨。

甘羅於是來到張唐家中。張唐一見到對方是個小孩子，便毫不客氣地說：「小娃娃來幹什麼啊？」

甘羅煞有其事地回答：「來爲大人弔喪！」

「什麼！」張唐勃然大怒：「你這個小夥子，也不照照鏡子，竟敢到老夫門上撒野！別說老夫還活著，就是死了，也輪不到你來弔喪！」

甘羅趕緊賠著笑臉，對張唐說：「大人，您別誤會啊，我就是敬重您，所以才特別前來拜訪您的。小人想請教您，是您的功勞大呢，還是當年武安君白起的功勞比較大？」

張唐想了想，答說：「當年武安君南攻楚國，北伐燕趙，爲我國奪取了無數土地，我怎麼能夠比得上呢？」

「那麼，是當年的相國范雎權勢大，還是今天的相國呂不韋權勢大？」

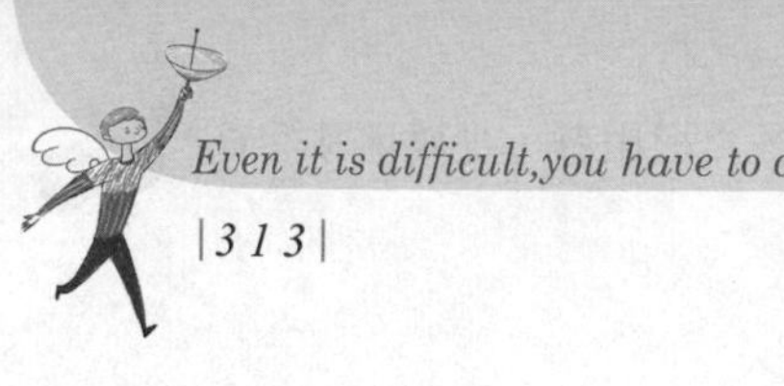

「當然是今天的呂相國權勢大。」

「既然如此，大人，您還記得嗎？當年范睢命武安君攻打趙國，武安君不從，范睢一生氣，把武安君逐出咸陽，殺死在城外。今天呂相國請您去燕國爲相，您竟然不願意聽從呂相國的命令，我不知道您將來要死在哪裡，所以特地先前來爲您弔喪。」

張唐聽到這裡，大爲吃驚，立刻轉換態度，客客氣氣地說：「多謝先生前來指教。請轉告呂相國，老夫現在就開始準備行裝。」

就算很困難，也要挑戰看看

當你希望別人遵從你的指示時，只要提供他更糟糕、更危險的選擇，讓他從兩條路當中選一條路走就對了。

一位廣告設計師告訴我，他在對客戶提案時，往往都會提供客戶三款選擇。一開始，他會精心設計出三款不同的風格，但是卻發現，客戶面對三款同樣精

美的設計時，往往會不知道該從何選擇，反而花了很多時間考慮，反反覆覆地修改，浪費許多時間成本。

一些經驗老道的設計師就會教導新人說，三款設計中，只需要用心去設計其中一款，另外兩款，只要達到水準，不用太好，也不太差就可以了。

事實證明，客戶在面對一好兩壞的選擇時，通常都會一眼挑出設計師精心設計的那一款，很快就能做出決定。

這個小小的秘訣，其實可以應用在每件事情當中。「咖啡、奶茶、果汁」這三種等質的東西，經常令人難以抉擇，但換成是「咖啡、涼茶、自來水」，相信連不喝咖啡的人也會立刻選出你想要他選的那個選項。

說話選對時機，能化解危機

說話要尋找最佳時機，等到對方想聽了，再開口說，如此才能避免「我講得口沫橫飛，你聽得心煩意亂」的不愉快場面。

秦始皇時代，李斯貴為宰相，卻在秦始皇死後，受到趙高的誘惑，和趙高一起假造聖旨，害死了公子扶蘇，把胡亥推上了王位。

胡亥是個昏君，一天到晚花天酒地，對趙高唯命是從。

趙高享受到權勢帶來的尊榮，開始想要獨攬大權，李斯便漸漸成了他的眼中釘，因此決定找個機會除掉李斯，保障自己的地位。

一次，李斯有正事要與皇帝商量，特地請趙高為他找個適合的時機。

趙高早不找，晚不找，故意選在胡亥和嬪妃宮女們玩樂的時候，通知李斯前來進諫，令胡亥覺得非常掃興，從此把李斯列入黑名單。

果眞，過了不久，李斯就因無妄之罪，慘遭腰斬，罪及三族。

由此可見，進言的時機比進言的內容更重要。

明朝的奸臣魏忠賢也曾經玩過類似的把戲。

當時，皇帝朱由校是個長年不見大臣的人，因爲他沉迷於女色，也熱衷於藝術，簡直到了物我皆忘的地步。

魏忠賢看準了這一點，每當朱由校專心作畫時，便在一旁不斷地誇獎，讚美皇上巧奪天工的手藝，令皇帝更加沉迷於工藝美術。

等到皇上完全陶醉在其中時，魏忠賢才將朝中之事向皇帝啓奏，只是，這個時候的皇帝哪裡還有心管理這些事呢？

朱由校通常只會不耐煩地揮揮手，對魏忠賢說：「我已經知道了，你自己看著辦！別再麻煩我。」

魏忠賢就這樣聽從皇帝的意思，自己看著辦，把大權攬在手中。

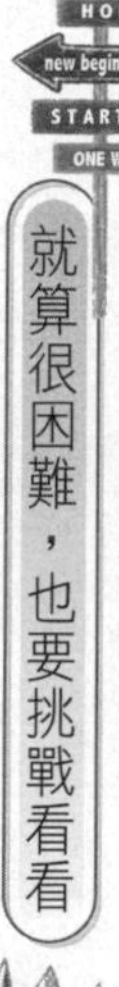

從這些例子當中，我們可以知道，說話一定要尋找最佳時機，要等到對方想聽了再開口說。

否則，你的意見再好，聽在對方耳裡可能只會是喋喋不休，再怎麼用心良苦，對方也只會把你視爲無禮白目。

作家文彥博在《罵人不必帶髒字》系列著作裡一再提醒我們：「說話成功的重點不在於你說了什麼真知灼見，而在於你選在什麼時機說。」

至於什麼樣的時機才是適合的時機，答案因人而異。

有個太太經常選在丈夫看電視的時候和他說話，因爲她認爲看電視只是休閒娛樂的時間，談談天應該無妨。

但是熱衷體育賽事的先生，可能只想專心投入欣賞他支持的球隊，可能會把太太說話的聲音當成一種噪音干擾，而這個太太也很可能會感到失落，認爲

先生都不理睬她，她的婚姻已經不再幸福美滿了。

爲了避免類似的情形發生，應該在討論事情之前，先請對方給予自己一些談事情的時間。

即使只是想要和對方閒聊，也可以禮貌地詢問說：「現在可以跟你聊天嗎？」或是「我想和你聊天，你什麼時候比較方便？」

不管是再怎麼親近的人，也不應該忽略這一道功夫。讓兩個人處於「兩情相悅」、「我想講，你想聽」的狀態下，如此才能避免「我講得口沫橫飛，你聽得心煩意亂」的不愉快場面。

PART 10

別讓環境削弱志氣

有競爭才會有進步，投身到一個大家能力都不如自己的地方，除非很有毅力，懂得不斷充實自己，否則很難前進。

處於順境，更要保持平常心

當我們處於順境時，更該注意自己的行為，隨時警惕自己把每一個腳步走得更踏實，並利用順境好好發展自己。

小孔非常喜歡買彩券，不論大樂透、三星彩、四星彩、刮刮樂……都非常感興趣。他每期必定下注，時間一到就準時對獎，毫無遺漏之處，甚至把每期的中獎號碼都列印下來，認真地揣摩和研究。但是，小孔的運氣總是欠佳，只得過幾次小獎，卻得破費請大夥兒去吃宵夜。

在彩券開獎的某一天，同事阿文突發奇想，想讓小孔請大家上館子。幾個同事交頭商量後，一個人到小孔的位置上找出他買的彩券號碼，再拿來當日的

晚報，請手巧的女同事將列印出的號碼小心翼翼地黏在報紙上，蓋住原來的中獎號碼，然後複印了一份，放在小孔的辦公桌上。

不一會兒，小孔吹著口哨走進公司。他漫不經心地拿起那張複印紙，幾秒鐘後，呼吸明顯急促，臉色緋紅，顯然是在努力抑制自己激動的情緒。他揉了揉眼睛，又仔細核對著上面的數字，突然仰天大笑：「哈，哈，哈！」

大家立刻有志一同地圍過來問他發生了什麼事。他從座位上站起來，大聲說道：「真是老天有眼，讓我中了百萬大獎啦！」

眾人立刻七嘴八舌地向小孔道喜，阿文趁機說：「小孔，你真是時來運轉啊，是不是該請客啦！」

小孔手一揮，爽快地說：「小意思！今晚不去路邊攤啦，咱們上館子去。大家來個不醉不歸！」

看著小孔得意的樣子，大家都忍不住竊笑。

這時剛好經理走進來，看到嬉鬧的情形就大發雷霆罵道：「老遠就聽你們吵吵嚷嚷，成何體統啊？是不是不想幹啦？小心開除你們！」

大家趕緊溜回自己的座位，只有小孔還站在原地不動。不知哪來的勇氣，他突然指著經理的鼻子大聲叫道：「你神氣什麼？這家破公司我早就不想幹了。不用你開除我，我馬上辭職！」

小孔神氣十足地摔門而去……

就算很困難，也要挑戰看看

小孔之後的際遇，相信大家心裡都有數。

一直以來都存在的彩券，在這幾年更加盛行，關於「彩券」、「樂透」中獎者的心情和遭遇的電影、電視節目愈來愈多，其中的劇情內容和寓意，都不忘提醒大家：「得意不可忘形。」

中獎原本是件開心的事，爲何最後「樂極生悲」的人卻那麼多，就是因爲無法用「平常心」來面對這樣「天外一筆」。

有句話說：「平坦的路面，反而要注意避免跌跤。」

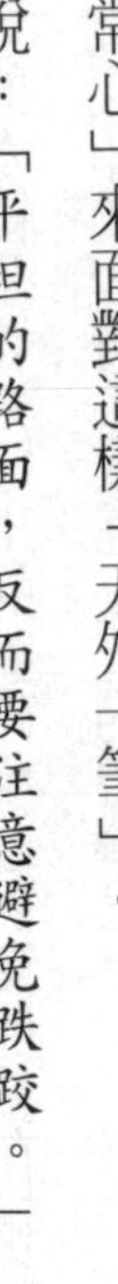

會溺水的人，往往都會游泳，就是因爲會游泳，反而大意，沒注意安全。雨天騎車，我們會放慢速度，提醒自己更加小心，相反的，天氣好時，心情鬆懈之下，反而容易出車禍。

人在喜悅的時候，走路往往「輕飄飄」，忽略了要注意前方路面有沒有障礙物。因此，當我們處於順境之時，更應該注意自己的行爲，隨時警惕自己注意安全、力求上進。

這並非杞人憂天、緊張過度，而是讓走在平坦路上的我們，把每一個腳步走得更踏實，並利用順境，好好發展自己。

能在順境中保持平常心的人，成功就不會離他遠去。

別讓環境削弱志氣

有競爭才會有進步，投身到一個大家能力都不如自己的地方，除非很有毅力，懂得不斷充實自己，否則很難前進。

一心大師剛剃度的時候，在法門寺修行。

法門寺是個香火鼎盛、香客絡繹不絕的名寺，每天晨鐘暮鼓，香客如織。一心想要靜下心神潛心修身，但法門寺的法事應酬過於繁瑣，讓他疲於奔命。加上自己雖然青燈黃卷苦苦習經多年，但談經論道起來，還是遠遠不如寺裡的許多僧人。

有人勸一心說：「法門寺是個名滿天下的名寺，水深龍集，納集天下許多

名僧，想在僧侶中出人頭地，不如到一些偏僻小寺中閱經讀卷，這樣一來，你的才華就會很快展露光芒了。」

一心思忖良久，覺得這話很有道理，便決意辭別師父，離開這高僧濟濟的法門寺。一心打包好行李，前去向方丈辭行。

方丈明白一心的意圖後，問他：「燭火和太陽哪個更亮些？」

一心說：「當然是太陽了。」

方丈說：「你願做燭火還是太陽呢？」

一心不假思索地回答道：「我當然願做太陽！」

方丈微微一笑說：「我們到寺後的林子走走吧。」

法門寺後是一片茂密的松樹林。方丈將一心帶到一座山頭上，那裡樹木稀疏，只有一些灌木和三兩棵松樹，方丈指著其中最高大的一棵說：「這棵樹是這裡最大最高的，可是它能做什麼呢？」

一心繞著樹看了看，這棵松樹亂枝縱橫，樹幹又短又扭曲，便說：「它只能劈來做煮粥時燃燒的柴薪。」

方丈又帶著一心來到一片鬱鬱蔥蔥的林子裡。方丈問：「爲什麼這裡的松樹每一棵都這麼修長、挺直呢？」

一心說：「是爲了爭著承接天上的陽光吧！」

方丈鄭重地說：「這些樹就像芸芸眾生啊，它們生長在一起，就是一個群體，爲了爭得一縷陽光，一滴雨露，它們奮力向上生長，棵棵都可能成爲棟樑之材。但遠離群體，只有零零星星的三兩棵松樹，陽光全都屬於它們，雨露也能恣意享受，在灌木中鶴立雞群，沒有樹和它們競爭，所以只能成薪柴。」

一心聽了，思索了一會兒，慚愧地說：「法門寺就是這一片蒼蒼大林，而山野小寺就是那棵遠離樹林的樹。方丈，我不會再離開法門寺了！」

在法門寺這片森林裡，一心苦心潛修，後來，終於成爲一代名僧。

就算很困難，也要挑戰看看

「寧為雞首，勿為牛後。」這句話常被人拿來安慰自己身處的環境，寧可

在小地方當個領導者，而不願意在大團體中當個沒沒無名的人。

然而，這句話並不是每個人都適用，必須考量到所處的環境和自身的狀況。有競爭才會有進步，如果不懂得這個道理，在自身的能力都還不夠充實的時候，投身到一個大家能力都不如自己的地方，即使在那種環境當中可以當個領導者，但那是因爲本事夠嗎？有人値得效法學習嗎？

除非很有毅力，懂得不斷充實自己、挑戰自我，否則很難前進。

愛因斯坦曾說：「一個人只有以他全部的力量和精力致力於某一事業時，才能成為一個真正的大師。」

「寧爲雞首，勿爲牛後」對於準備充分、自我約束力強的人是個好選擇，那是他能夠獨當一面、實現理想的環境。因爲，不久之後，他會讓雞展翅高飛，站到牛的肩膀上。

對那些只有領導慾望，但實力平平的人來說，不思長進將是阻止自己繼續前進的絆腳石。

真心付出，心靈就會滿足

「付出」不完全是奉獻自己的時間、財力，或者是勞力，只要有一顆感激的心，就是對生命的一種付出。

二次大戰期間，德軍包圍了列寧格勒，企圖用轟炸機摧毀軍事目標和其他防禦設施。眼看就要全軍覆滅，所有士兵都束手無策。

當時，有一位名叫施萬維奇的昆蟲學家也被困在其中。由於戰火的洗禮，軍營附近的生物都慘遭波及，作爲昆蟲學家的施萬維奇感到很痛心。

這天，他看到不遠處的樹枝上停著一隻蝴蝶，那是一隻美麗的花蝴蝶，正在陽光下伸展著美麗的翅膀。他向蝴蝶揮了揮手，希望趕牠離開這個危險的環

境。但是蝴蝶反覆揮動翅膀，還是沒辦法起飛。經驗豐富的施萬維奇發現這個狀況就知道牠一定是受傷了。

施萬維奇小心翼翼地將蝴蝶從樹上抓下來帶回軍營。經過仔細地觀察過後，果然在蝴蝶的翅膀地方發現傷口。施萬維奇爲牠上了藥，兩天過後，蝴蝶康復了，施萬維奇依依不捨地將牠放回大自然。

第二天一早，施萬維奇的門前停滿了蝴蝶，花花綠綠，在陽光下揮舞著美麗的翅膀，分外耀眼。這種景象讓施萬維奇激動極了，研究昆蟲多年，他從沒見過如此壯觀的場面。

施萬維奇突然靈機一動，如果用這些蝴蝶將軍事基地僞裝起來，德軍的飛機也許就不會發現他們了。

但是，軍事基地這麼大，這些蝴蝶是不夠的。最後，他想出了用黃、紅、綠三種顏色塗在軍事基地上的方法，將軍事基地裝扮成一件大大的迷彩服。這麼一來，德軍在飛機上看到的只有一片蝴蝶花海。

列寧格勒的軍事基地安然度過危機，爲贏得大戰最後的勝利奠定了堅實的基礎。根據同樣的原理，後來的人們生產出迷彩服作爲軍事裝扮，大大減少士兵在戰鬥中傷亡。

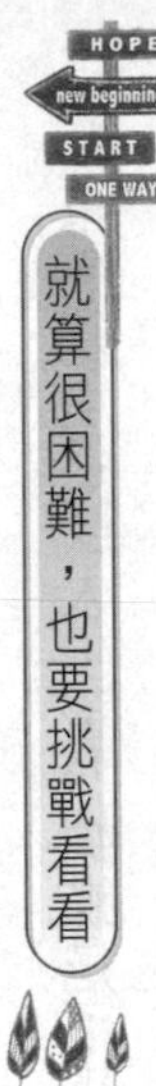

根據科學家對蝴蝶色彩的研究，蝴蝶的翅膀在陽光下時而金黃，時而翠綠，有時還會由紫變藍，能爲爲軍事防禦帶來極大的裨益。

然而，施萬維奇則認爲那次蝴蝶集會的唯一解釋是爲了報恩，號召同伴利用自己天生僞裝的特長，來爲施萬維奇的軍事基地作掩護。

這種大自然的神秘力量，是很難解釋的。但我們可以知道一點：「眞心地付出，總會獲得回報。」

因爲施萬維奇對蝴蝶付出的善心、對生命的憐憫，讓他有機會注意到「蝴蝶」的顏色具有保護色的效果。

在世態炎涼的今日，人們慢慢收回「付出」的天性。因爲不奢望回報，更

害怕惹禍上身。

可是，關閉這種天性太久，就會容易忽略生命中值得感動的一面。甚至看到任何動人場面，也沒什麼感覺了，那是因爲我們的「心」已經麻痺。

爲什麼要人「付出」？絕對不是要當個聖人，而是要讓我們定時活絡自己逐漸僵硬的心，在失意的情境下，也能找回努力的動力。

「付出」不完全是奉獻自己的時間、財力，或者是勞力，只要有一顆感激的心，就是對生命的一種付出。

爲我們所擁有的一切滿足，把這樣的心情帶給身邊的人，讓他們也感受到同樣的滿足和快樂，就是一種最棒的回報。

付出，總會得到回報。不僅在於物質，更是一種心靈的平靜與滿足。

輸掉排名卻該獲得尊敬

我們可以為贏家感到高興，可是，那個讓贏家付出全力的對手也值得致敬。因為有如此勁敵，才能激發贏家的實力。

在世界職業拳王爭霸賽的電視節目中，觀眾看到一幕幕感人的情節。參賽的是兩個美國職業拳手，年長的名叫卡非拉，三十五歲；年輕的是巴雷拉，二十八歲。

上半場兩人拼搏六個回合，實力相當，難分勝負。在下半場第一回合中，巴雷拉接連擊中老將卡非拉的頭部，使他鼻青臉腫。

中場休息時，巴雷拉真誠地向卡非拉致歉，他先用自己手中乾淨的毛巾一

點一點擦去卡非拉臉上的血跡，然後把礦泉水灑在卡非拉頭上，一臉歉意的神情彷彿受傷的是自己。

接下來兩人繼續交手，也許是年紀真的大了，卡非拉漸漸顯得體力不支，一次又一次被巴雷拉擊倒在地。

按照比賽規則，對手被打倒在地之後，由裁判開始讀秒，如果讀到第十秒，倒地的拳手還未起身，對手就獲得勝利。

卡非拉掙扎著想要起身，裁判開始讀秒：「一、二、三……八、九……」在十還沒出口前，巴雷拉一把將卡非拉拉了起來。

裁判感到很吃驚，這樣的舉動在拳場上很少見。

巴雷拉向裁判解釋說：「我犯規了，只是你沒看見，這局不算我贏。」扶起卡非拉後，他們微笑著擊掌，繼續交戰。

最後，卡非拉以一〇八比一一〇的成績輸給巴雷拉。觀眾如潮水般湧向巴雷拉，向他獻花、致敬、送禮物。

巴雷拉則撥開人群徑直走向被冷落的老將卡非拉，他把鮮花獻給卡非拉。

兩人緊緊地抱在一起，相互親吻被擊中的部位，儼然猶如一對親兄弟。

卡非拉真誠地向巴雷拉祝賀，洋溢著滿臉笑容，他握住巴雷拉的手高舉過頭，向全場觀衆致敬。

兩人都獲得全場觀衆熱烈的掌聲。

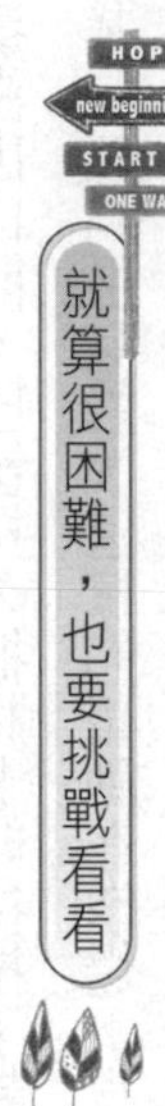

在這場拳賽中，無論拳術高超與否，兩人都是最大的贏家，贏在風度和人格。給輸家掌聲，向對手致敬是非常有運動家精神的行爲，雖然很多人都懂，但是能做到的卻沒幾個。

當我們參加或者觀賞任何比賽，支持的隊伍獲勝時，我們總會毫不吝嗇，大力報以掌聲和讚美。可是，如果輸了的話，情況又是如何呢？

對於贏家來說，掌聲是不可缺少的東西，恭維更是多如雪片。我們可以爲贏家感到高興，給予讚賞，可是，那個讓贏家付出全力的對手也值得致敬。因爲有如此勁敵，才能激發贏家的實力。

生活周遭，也有許多「輸家」需要我們的鼓勵。他們並非很糟、行爲不檢，可能只是內向了點、朋友少了點，這些人需要的是別人主動地關懷和鼓勵。

給「輸家」掌聲，並非可憐他們，只是讓他們得到每個人都希望擁有的鼓勵和支持，喚起被人們所遺忘的運動家精神，使他們在失意的處境之中也能打起精神，不放棄努力。

選擇誠實就能贏得支持

一向都表現地很公正的人，當碰上跟自己利益相關的事情時，都可能做出偏袒地行為。

一個陽光明媚的上午，勃比·萊維斯帶著他的兩個小兒子去高爾夫球場打球。他走到球場售票處詢問售票員：「請問孩童的門票怎麼計算？」

裡面的年輕人回答他：「所有滿六歲的人進人球場都需要交三美元，先生。我們這個球場讓六歲以下的兒童免費進入，請問您的兩個孩子多大了？」

勃比回答：「我們家未來的律師三歲了，未來的醫生則已經七歲了。所以，我應該付給你六美元，先生。」

櫃台後的年輕人有點驚訝地說：「嘿，先生，你是剛剛中了樂透彩還是其他好處，你本來可以爲自己節省三美元的！就算你告訴我你的大兒子未滿六歲，我也看不出來有什麼差別。」

勃比回答道：「對，你的確不會看出其中的差別，但是我的孩子們會知道。身爲他們的父親，我有責任不讓他們小小年紀就學會如何欺騙別人。」

就算很困難，也要挑戰看看

每個人在自己的人生當中，都同時扮演著不同的角色，是孩子的父親、妻子的老公、父母的兒子、上司的部屬……每一個角色，都各有處事的準則。這些角色的扮演中，人們很容易因爲某些原因而陷入迷思，讓所該扮演的角色處於模糊不清的中間地帶。這時，就是最容易顯現出本性的時候。

相信當十個人碰上勃比．萊維斯的狀況時，其中至少有八、九個會謊報孩子的年齡。畢竟，無傷大雅下的貪小便宜，是許多人會做的事情。

讓我們再看一個例子。

在華盛頓舉辦的第四屆全國拼字大賽中，南卡羅來納州的代表，十一歲的羅莎莉．艾略特一路過關斬將進入決賽。當她被問到如何拼「坦率地承認」（avowal）這個詞時，她輕柔的南方口音，使得評審委員們難以判斷她所說的第一個字母到底是A還是E。

委員們商議了幾分鐘之後，將錄音帶倒帶後重聽，仍然無法確定她的發音是A還是E。最後，主評約翰．洛伊德決定將問題交給唯一知道答案的人。

他和藹地問羅莎莉：「妳的發音是A還是E？」

透過他人的低聲議論，羅莎莉已經知道這個字的正確拼法應該是A，但她毫不遲疑地回答，她拼的字母是E。

主審約翰．洛伊德驚訝地問羅莎莉：「妳大概已經知道正確的答案了，如果妳回答A就可以獲得冠軍的榮譽，為什麼還要說出錯誤的發音呢？」

羅莎莉天真地回答說：「我願意做個誠實的孩子。」

當她從台上走下來時，幾乎所有觀眾都為她的誠實熱烈鼓掌。

第二天，報上刊登關於這次比賽的短文〈在冠軍與誠實中選擇〉。短文中寫道，羅莎莉雖沒贏得第四屆全國拼字大賽的冠軍，但她的誠實卻感染了所有觀眾，並贏得他們的心。

若以一個參賽者的身分，獲得冠軍幾乎是比賽最重要且唯一的目標。因此，我們經常可以看到在許多比賽當中，出現關於「作弊」、「犯規」的爭議。一個平日形象再好的人，為了獲勝都可能做出不公正的行為來。

可是羅莎莉卻選擇當一個誠實的孩子，因為她能清楚地了解自己所扮演的角色，並在其中選取最好的標準作為圭臬。就像身為人父的勃比．萊維斯，或許他在其他生活上的小細節會有貪小便宜的情況出現，可是在孩子面前，他卻知道必須正確地引導他們，以身作則做出正確的示範。

一向都表現得很公正的人，當碰上跟自己利益相關的事情時，都可能做出偏袒地行為。因此，我們必須要提醒自己，碰上這種利益與道德良知的衝突時，更該想清楚自己該做什麼，該以什麼為標準。

自己的珍寶要靠自己尋找

如果自己所追求的東西，只是因為大家都這樣說，或者這個東西很稀少才去做，那麼這種追求就是一件毫無意義的事。

有一天，一個來自西域的商人將珠寶拿到市集上出售。這些珠寶琳瑯滿目，全都價值不菲，特別是其中一顆名叫「珊」的寶珠，更是引人注目。它的顏色純正赤紅，直徑有一寸，價值高達數十萬。

這樣一顆價值不菲的寶物引來眾人圍觀，大家無不嘖嘖稱奇，讚嘆道：「這可真是顆寶貝啊！」

正巧龍門子這天也來逛市集，見到那麼多人圍著攤子議論紛紛，便帶著弟

子擠進人群之中。

龍門子仔細地端詳寶珠，開口問道：「『珊』可以拿來塡飽肚子嗎？」

商人回答說：「不能。」

龍門子又問：「那它可以治病嗎？」

商人又回答說：「不能。」

龍門子接著問：「那能夠驅除災禍嗎？」

商人還是回答：「不能。」

龍門子再問：「那能使人心靜嗎？」

回答仍是：「不能。」

龍門子說道：「眞奇怪，這顆珠子什麼作用都沒有，價錢卻超過數十萬，又是爲了什麼呢？」

商人告訴他：「這是因爲它產在很遠很遠、杳無人煙的地方。需要動用大量的人力和物力，歷經許多艱險，吃盡苦頭，好不容易才能得到它。因此它是件非常稀罕的寶貝啊！」

龍門子聽了，只是笑了一笑，什麼也沒說便離開了。

龍門子的弟子對老師與商人之間的對話很不解，不禁向他請教。

龍門子教導他說：「古人曾經說過，黃金雖然是重寶，但是人生吞了它就會死，即使只是它的粉末掉進人的眼睛裡，也會導致失明。」

「我已經很久不去追求這些寶貝了。不過，我身上也有貴重的寶貝，它的價值絕超過數十萬，而且水不能淹沒它，火也燒毀不了它，風吹日曬全都無法損壞它。用它可以使天下安定，不用它則可以使我自身舒適安然。」

「人們對於這樣的至寶不知道去追求，卻把尋求珠寶當作唯一要緊的事，這豈不是捨近求遠嗎？看來人心已經死很久了！」

龍門子所謂的「至寶」，指的就是人們自身的美德。這的確是一種無價的寶物，別人無法贈與，只有靠自身修爲才能獲得。

這個故事還有另一層涵義，我們知道自己追求某些事物是爲了什麼嗎？

人們常常費盡心力去追求毫無意義的東西。所謂無意義的東西，不代表它沒有任何價值，只是它對你的身和心不會帶來實質的意義和幫助。

如果追求偶像可以讓自己更快樂，那麼當個忠心的粉絲也沒有什麼不好；如果蒐集古董、珠寶，可以讓你感到富足，就算只是將其束之高閣，供作欣賞之用，也沒有關係。

如果自己所追求的東西、目標，甚至是人，只是因爲大家都這樣說，或者這個東西很稀少才去做，那麼這種追求就是一件毫無意義的事。

在追尋、蒐集的過程當中，既然不能帶給自己任何的幫助或成長，又何必浪費時間在一張假的「尋寶圖」上呢？不如先了解自己的心和渴望，才會在失意的時候，也能尋找出一個屬於自己的「珍寶」！

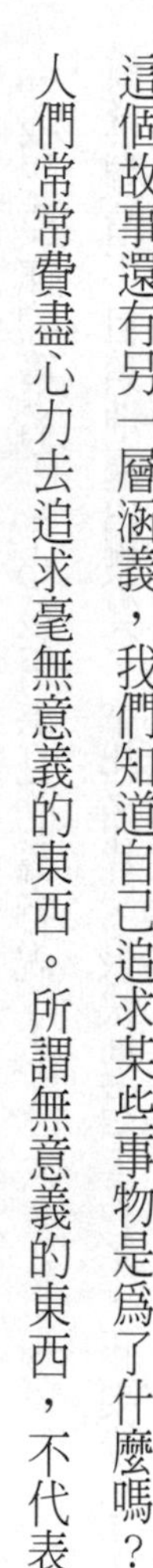

演好自己的角色最重要

「誰最重要」一點也不重要。如果每個人都能扮演好自己的角色，對自己或他人而言，就是最重要的一個。

柯林頓在擔任美國總統期間，有一天安排行程到醫院探視病患。突然，有個小孩鑽過人群來到他的身邊。這個小孩只是看著柯林頓先生，卻什麼話也不說。就這樣沉默了幾秒鐘之後，柯林頓注意到他，便開口問：

「你有什麼話要跟我說嗎？」

「我想要你的簽名！」小孩用洪亮的聲音說。

柯林頓情不自禁地露出微笑，拿起名片，很快地寫上名字，正要交給小孩

時，小孩又要求說：「我可以要四張嗎？」

柯林頓一臉笑意，疑惑地問：「為什麼要這麼多張呢？一張不夠嗎？」

小孩回答他：「我要用三張你的簽名去換麥克．喬丹的一張簽名照，至於剩下的一張，我會妥善地收藏起來。」

柯林頓總統並沒有因此而不高興，他接著拿出三張名片，都簽上了名字，同時開朗地說：「我的一個侄子最喜歡麥克．喬丹，改天有空我也要幫他去換一張麥克．喬丹的簽名照。」

一位是美國總統，一位是聞名全球的NBA籃球明星，誰最重要呢？仔細想想，「誰最重要」這個問題真的很「重要」嗎？如果你不是最重要的那一個，又會如何呢？

讓我們來看一個「我最重要」的故事吧。

有一天，眼睛、耳朵、鼻子，和嘴巴正在聊天。

說著說著，鼻子突然說：「眼睛，你有什麼重要的？為何你在我上面？」

眼睛說：「沒有我，什麼也看不見，世界是一片黑暗。我當然重要！」

正當鼻子想反駁眼睛時，嘴巴說話了：「鼻子，那你又有什麼重要的，為什麼我要排在你下面？」

鼻子回答：「我才是最重要的好不好，沒有我，就沒辦法呼吸；沒有我，就聞不到任何氣味。我當然是最重要的。」

這時候嘴巴不以為然地說：「我能嚐遍所有美味的食物，還能唱出好聽的歌、吟誦優美的詩詞，我才是最重要的！」

在旁一直沉默的耳朵說話了：「雖然我不知道誰才是最重要的。但是我所處的位置最特別，所以我才是最重要的。」

在每一個都說自己最重要的吵鬧情況下，它們決定來個大風吹，找一個自己最喜歡的位置。

結果，鼻子掛在額頭上、眼睛跑到下巴上、耳朵吊在眼睛的上方、嘴巴則

長在右邊腦袋！這張臉，最後成為一團亂。

基於人性，人們總是希望自己是最重要的那一位。

因此，有些人會去探別人的口風，想知道自己在朋友間受歡迎的程度，是不是大家最喜歡的人。類似的事情，不論在工作場合或在家庭裡，都會常常出現，甚至當爸爸的還會和兒子一起向老婆爭寵呢。

「我」固然很重要，但是沒了「你」或「他」，生活還有什麼意義呢？

爭奪「誰最重要」一點也不重要，不要因爲自己不是「最重要的」，而對人生感覺到失意。如果每個人都能扮演好自己的角色，對自己或他人而言，就是最重要的一個。

身邊的關愛不該當作阻礙

如果每一個人都能儘量往好的方面看，就不會發生那麼多的爭執和隔閡，人與人的相處，也能更融洽。

從前，有個年輕人與母親相依為命，生活相當貧困。年輕人由於苦惱，開始求仙拜佛，最後甚至不務農事，沉迷其中。母親苦勸好幾次，他對母親的話依舊不理不睬，甚至把她當成自己成仙的障礙，有時還對母親惡言相向。

有一天，這個年輕人聽別人說起遠方的山上有位得道高僧，便想去向高僧討教成佛之道，但又怕母親阻攔，便趁著夜晚偷偷離家了。他一路上跋山涉

水，歷盡艱辛，終於在山上找到那位高僧。

高僧熱情地接待他。聽完他的一番自述，高僧沉默良久。當他向高僧問佛法時，高僧開口道：「你想得道成佛，我可以爲你指條道路。吃過飯後，你立即下山，一路走回家。回家路上，若遇有赤腳爲你開門的人，這人就是你所謂的佛。你只要悉心侍奉，拜他爲師，成佛就是非常簡單的事情了！」

年輕人聽了非常高興，謝過高僧，欣然下山了。

第一天，他投宿在一戶農家，男主人爲他開門時，並沒有赤腳。

第二天，他投宿在一座城市的富有人家，更沒有人赤腳爲他開門。

第三天，第四天……他一路走來，投宿無數，卻一直沒有遇到高僧所說的赤腳開門的人，他越來越灰心，開始對高僧的話產生懷疑。快到自己家時，他徹底失望了。太陽漸漸落下，他沒有再找地方投宿，而是連夜趕回家。

到家門時已是午夜時分。疲憊至極的他費力地叩動了門環，屋內傳來母親蒼老驚悸的聲音：「誰呀？」

「是我，媽媽。」他沮喪地答道。

門很快打開了，一臉憔悴的母親大聲叫著他的名字，把他拉進屋裡。在燈光下，母親流著淚端詳他。

他低下頭，驀地發現母親竟赤著腳站在冰涼的地上。剎那間，他想起高僧的話，突然什麼都明白了。

就算很困難，也要挑戰看看

有許多年輕人會抱怨父母親總是看不到自己的優點，見到的都是哪裡不對，哪裡又做錯。他們認爲，只要父母能看到自己做對的那一面，就會發現，自己的孩子有許多值得讚賞的地方。

同樣的，當角色對調時，我們能看到父母的優點嗎？

補習班門外，常常可以看見一輛輛的機車或汽車停在路旁，坐在上面的，是等待孩子下課的父母；知名麵包店麵包出爐時間一到，大排長龍等待的，是爲家人準備可口早餐的媽媽們。

可是，父母晚了幾分鐘接孩子，沒有買到孩子要的麵包口味時，換來的常是嘟著嘴、生悶氣的小臉蛋。

反省一下自己，是不是也常常忘記看父母的優點，忘記父母付出的一切，只記得父母的種種不是呢！

故事中，年輕人一心只想向外求，找尋成佛之路，卻忽略了最基本爲人子女應知的道理。他看不見母親爲自己的用心，只看到母親是個阻礙，把她視爲自己成佛的業障。最後，年輕人才發現，母親就是自己的佛，總是不計一切爲他付出所有的關懷和愛。

如果每一個人都能儘量往好的方面看，就不會發生那麼多的爭執和隔閡，人與人的相處，也能更融洽。試著引導自己和身邊的人，多看看彼此的優點，開始注意對方做「對」的事。

生活良品

81

就算很困難，也要挑戰看看

作　　者　文蔚然
社　　長　陳維都
藝術總監　黃聖文
編輯總監　王郡凌
出 版 者　普天出版家族有限公司
新北市汐止區忠二街 6 巷 15 號
TEL / (02) 26435033 (代表號)
FAX / (02) 26486465
E-mail：asia.books@msa.hinet.net
http://www.popu.com.tw/
郵政劃撥 19091443 陳維都帳戶
總 經 銷　旭昇圖書有限公司
新北市中和區中山路二段 352 號 2F
TEL / (02) 22451480 (代表號)
FAX / (02) 22451479
E-mail：s1686688@ms31.hinet.net
法律顧問　西華律師事務所・黃憲男律師
電腦排版　巨新電腦排版有限公司
印製裝訂　久裕印刷事業有限公司
出 版 日　2024 年 5 月第 2 版第 1 刷
I S B N◎978-986-389-921-1　條碼 9789863899211

國家圖書館出版品預行編目資料

就算很困難，也要挑戰看看／
文蔚然著.—第 2 版.—：新北市,普天出版
2024.5 面； 公分. - (生活良品；81)
I S B N◎978-986-389-921-1 (平裝)

普天之下・盡是好書
普天出版家族
Popular Press Family
凌雲
A-Plus Creative Company
文創